jede menge leben

NÜRNBERG
FÜRTH
ERLANGEN

Katharina Wasmeier
Helwig Arenz
Peter Gruner

freizeitführer • ars vivendi

Bei der Realisierung dieses Führers ließen wir größte Sorgfalt walten. Falls dennoch Fakten falsch oder inzwischen überholt sein sollten, bedauern wir dies, können aber in keinem Fall eine Haftung übernehmen.

Originalausgabe
1. Auflage August 2015
© 2015 by ars vivendi verlag GmbH & Co. KG, Bauhof 1, 90556 Cadolzburg
Alle Rechte vorbehalten
www.arsvivendi.com

Gestaltung: Maximilian Steiner Design
Typografie und Ausstattung: Maximilian Steiner Design und ars vivendi
Umschlagillustration: © dan4/iStock.com
Lithografie: Repro-Studio Harald Schmidt
Lektorat: Simone Goller
Druck: Werbedruck GmbH Horst Schreckhase, Spangenberg
Printed in Germany
ISBN 978-3-86913-592-2

Inhalt

VORWORT

Eine Stadt in ihrer Gänze zu erfassen ist ein durchaus sportliches Unterfangen. Sich dabei auf das subkulturelle Angebot zu konzentrieren, ein sisyphosales. Die Stadt ist nicht statisch, sondern ein Organismus, der sich stetig verändert, neue Wege ausprobiert und alte schnell wieder zuschüttet. In der Zeit, während der wir an diesem Buch gearbeitet haben, haben große Kulturschiffe die Segel gestrichen und kleine Schaluppen volle Fahrt aufgenommen, sind Experimente gestartet und andere als gescheitert ad acta gelegt worden. Was wir haben, ist die Momentaufnahme dreier Städte, die so eng miteinander verschmolzen sind wie sie gleichzeitig höchst eigensinnig funktionieren. Wir möchten Sie mitnehmen auf Ausflüge und Entdeckungstrips in die kleinen Ecken, die Nebenschauplätze, die sich zusätzlich zu den gemeinhin bekannten alten Damen und heiligen Kühen tummeln. Dazu einladen, die arg ausgetretenen Pfade zu verlassen, um manche Ecken herum zu spitzen und andere zu umdenken. Ihnen Vorschläge und Angebote machen und eine Idee davon geben, wie vielfältig die drei Mittelfranken sind. Und sollten Sie einmal vor einer just geschlossenen Tür stehen, bitten wir um Nachsicht – und die Zuversicht, dass sich im Zweifel in der nächsten Gasse schon eine neue Perle versteckt hat.

Katharina Wasmeier

NÜRN

BERG

1. Wo tatsächlich Sinn gemacht wird

Turm der Sinne
Am Spittlertorgraben/
Ecke Mohrengasse
90429 Nürnberg

Tel. 09 11/9 44 32 81
www.turmdersinne.de
Di–Fr 13.00–17.00
Sa–So und
Fei 11.00–17.00
in den Schulferien tägl.
11.00–17.00
Eintritt ab 5 Euro
Lorenzkirche: U1
Hallertor: Straßenbahn
4, 6, Bus 36

Es hat ein bisschen was von Alice im Wunderland, ist aber keinesfalls mit mordlustigen Königinnen verbunden: Da betritt man einen Raum, und plötzlich ist man ein klitzekleiner Zwerg. Was in besagter Geschichte von Lewis Carroll mit Hilfe lustiger Zaubertränke geschieht, ist im *Turm der Sinne* lediglich einer optischen Täuschung geschuldet. Und davon hat's hier reichlich – inklusive Erläuterungen, wie das so vonstattengeht in diesem Gehirn, das permanent damit befasst ist, die Umwelt und Wirklichkeit zu interpretieren, und sich da ab und an auch mal aufs Glatteis führen lässt.

Das Museum zum Anfassen und Erleben funktioniert interaktiv, naturwissenschaftlich und spielerisch und lädt dazu ein, zu begreifen, wie Wahrnehmung funktioniert, wann und warum man sich täuscht und wie man trotzdem zu verlässlichen Erkenntnissen gelangt. Im Westtor der Nürnberger Stadtmauer auf sechs Stockwerke verteilt befinden sich knapp 30 sogenannte »Hands-on-Exponate«, wobei visuelle Wahrnehmungsphänomene einen thematischen Schwerpunkt darstellen.

Es gibt verblüffende Illusionen, die Erforschung des Geruchssinns, Faszinierendes zur räumlichen und Bewegungswahrnehmung, optische Täuschungen und vieles mehr, das sowohl Kindern als auch Erwachsenen einen tollen Einblick in und Verständnis für die spannenden Mechanismen unserer Sinne eröffnet. Zudem immer wieder Sonderausstellungen, Vorträge und regelmäßig Neues zu Wahrnehmungspsychologie und Kunst. Der Homunkulus wartet schon! Was das ist? Das begreift man am besten am eigenen Leib.

2. Das Ding mit den »Diskosscheiben«

In Zeiten, in denen man Musik für ein ganzes Leben auf einem Speichermedium von der Größe eines Daumennagels mit sich herumtragen kann, mag vielleicht als exotisch gelten, wer sich der Liebe zum zugegebenermaßen eher sperrigen Vinyl widmet. Aber es soll ja auch noch Menschen geben, die lieber in papiernen Büchern schmökern als in deren digitalen Nachfolgern. Also!

Und wie eben diese vielen Lesefreunde gern in entsprechenden Läden und Antiquariaten stöbern, tun die Plattenfreunde das in Perlen wie dem *mono-Ton*. Betrieben von Menschen, die als Musiker, DJs und beim Radio arbeiten, ist die Schallplatten-Spezialisten-Adresse in der Jakobstraße nicht nur eine der ersten für alle, die eine große Auswahl aktueller Neuerscheinungen aus allen Musikrichtungen schätzen, sondern vor allem auch die Unterstützung bei der Suche nach selteneren Tonträgern, sei's Vinyl oder CD, neueren oder älteren Semesters. Darüber hinaus berät man zum Thema »Plattenspieler«, die man ebenso im Angebot hat wie alles notwendige Zubehör.

Außerdem werden nicht nur gelegentlich Konzerte abgehalten, sondern es wird selbstverständlich mindestens anlässlich des »Record Store Day« (dritter Samstag im April) dem schimmernden »Diskos« gehuldigt, dem die »Diskothek« ja nicht umsonst ihren Namen verdankt. »Faire Preise, Spitzenservice, schön, toll, kompetent und nett«, gerät da manch ein Plattendreher schon mal ins Schwärmen.

mono-Ton
Jakobstraße 37
90402 Nürnberg

Tel. 09 11/2 74 26 93
www.mono-ton.eu
Mo–Fr 12.00–19.00
Sa 11.00–18.00
Weißer Turm: U1

3. Ein kleiner Biss genügt ... nicht

Angeblich soll es ja bereits glücklich machen, die Nase in ein Glas Nutella zu stecken und einmal tief einzuatmen. Dem Glauben schenkend, soll der Gedanke weitergesponnen werden. Wie glücklich mag es dann wohl erst machen, nicht nur die Nase, sondern sich im Ganzen und nicht in ein läppisches Glas Industrieerzeugnis, sondern in einen ganzen

Chocolat

Josephsplatz 26/28
(Eingang Hutergasse)
90403 Nürnberg

Tel. 09 11/2 42 78 88
www.
chocolatnuernberg.de
Jan-Sep Mo-Sa
10.00-19.00
Okt-Dez Mo-Sa
10.00-20.00
Weißer Turm: U1

Laden voller Schokoladenkunst zu stecken? Feldversuch erwünscht?

Bitteschön: Auf in die Hutergasse! Die nämlich beherbergt seit 2004 mit dem *Chocolat* ein Paradies für Jünger der Kakaobohne. Zwischen 400 und 1000 verschiedene Artikel stehen hier zur Verführung bereit, je nach Saison variierend und »unterschiedlich weit in die Tiefe gehend«, womit beispielsweise laktosefreie Weihnachtsmänner gemeint sind. Neben den weltweit zugekauften Produkten gibt es hier aber auch das, was die hauseigenen Chocolatiers höchstselbst alchemieren. Neben selbst gemachtem Eis bedeutet das rund 40 Sorten Schokolade, wobei jeweils das Angebot besteht, sich seine Traumrezeptur individuell herstellen zu lassen. Ob Karamelleis mit Cookie-Stücken oder die eigens angefertigte Schokoladenwunschkreation – alles kein Problem, den Geschmacks- und Aromavariationen sind kaum Grenzen gesetzt.

Das weiß auch das internationale Gourmet-Journal *Der Feinschmecker* zu schätzen und adelte das *Chocolat* bereits mehrfach unter die Liste Europas bester SchokoBoutiquen. Jetzt ist es zwar so, dass auch weitgehend Sündenfreies wie unterschiedliche Kaffees vor Ort angeboten werden, auf dass man diese schlürfen und sich ansonsten in rein informativer Disziplin üben möge. Aber hat schon mal jemand gesehen, dass eine in einer Speckpackung ausgesetzte Maus sich das alles interessiert angeschaut hat und dann vernünftig ihrer Wege gezogen ist? Eben. Es beginnt also schon damit, dass man sich spontan vom Kaffee zu original italienischen Eraclea umentscheidet – einem dickflüssigen Schokotraum in Tasse, der gern auch unter einer Sahnehaube hervorlinst. Und dann hat man eh verloren. Zum Glück!

4. Die historische Meile, die viele Wässerchen trübt

Die erste Kneipenmeile, die hier Erwähnung finden soll, ist diejenige, der man dieses Dasein tagsüber so gar nicht ansieht, ganz im Gegenteil. Pittoresk aalen sich die Fachwerkhäuschen im Sonnenschein, lotsen großäugige Spaziergänger geschickt von der Pegnitz hinauf ins Burgviertel oder umgekehrt hinab zum alten, doch nicht minder ehrwürdigen Kettensteg. Wenn der geneigte Spaziergänger aber den Adlerblick von der Folklore abwendet, beschleicht ihn vielleicht eine Ahnung, dass es hier nachts nicht mehr ganz so beschaulich vonstattengehen könnte. Nicht, dass hier irgendein Krawall zu erwarten wäre, bitteschön! Aber hinter den unschuldigen Fassaden, die zur »Historischen Meile« gehören, verbirgt sich allerlei Gastrogetümmel, mit dem man vergnügliche Abende und Nächte verbringen kann.

Da wäre beispielsweise mit der *Mata Hari* Nürnbergs kleinste schönste Bar, die ihren Namen nicht ohne Grund hat, sich aber mitnichten scheut, alle vorhandenen 17 Quadratzentimeter für großartige Konzerte zu nutzen – und gerade dadurch zu den ganz Großen gehört. Da wäre die *Ol'Dirty Soundbar*, in der Freunde von Hip-Hop und Street-Art

Weißgerbergasse
90403 Nürnberg
Lorenzkirche: U1
Hallertor: Straßenbahn 4, 6, Bus 36

Mata Hari Bar
Weißgerbergasse 31
Tel. 01 71/1 94 95 00
www.mataharibar.de
Mi-Do 20.00-2.00
Fr-Sa 20.00-4.00

Ol'Dirty Urban Soundbar
Weißgerbergasse 16
Tel. 09 11/5 96 52 03
www.oldirtynbg.com
Do-Sa 21.00-4.00

Finya's Taverne
Weißgerbergasse 18
Tel. 09 11/23 73 51 22
Di-Sa 16.00-1.00

Sektor Barbetrieb
Weißgerbergasse 30
Tel. 01 51/11 21 76 87
www.sektor-bar.de
Do–Sa 20.00–5.00

Hallertor Karaoke-Bar
Weißgerbergasse 25
Tel. 09 11/2 40 66 11
www.hallertor.de
Mi–Do 20.00–2.00
Fr–Sa 20.00–3.00

Tipp: Bergaufwärts
kreuzt man verschiedene
Institutionen, darunter
das Traditions- und
Sternenhaus Essigbrätlein
(www.essigbraetlein.de).
In der Albrecht-Dürer-
Straße steht mit dem
Scherenschnittstudio eine
echte Trouvaille bereit
zum Souvenirschnitzen!
www.scherenschnitt
-karten.de

abhängen und schwofen und vor überlebensgroßen Beat-Ikonen dem »GoldenAgeHipHop.Classix. AdultHipHop« huldigen. Da wäre *Finya's Taverne*, die sich dem finsteren, doch guten alten Mittelalter verpflichtet hat – und das mit Leib, Seele, Kaminfeuer, Kerzenschein und Leinengewand. Da wäre der *Sektor* mit seinem unüberhörbaren Hang zu Elektronischem. Und da wäre noch das *Hallertor* – Nürnbergs schönste schrecklichste Karaokebar, in der im vorderen Teil weitgehend unbescholten vom Krakeel an feinen Cocktails gesaugt werden kann, hinten jedoch hemmungslos nach dem inoffiziellen Motto »Nicht so schön, dafür schön laut« inbrünstig Liedgut aus zig Epochen misshandelt wird. Mitgehangen, mitgefangen, und dann geht's heimwärts in der Polonaise.

Tags darauf spazieren die Gänger durch das Baudenkmalensemble, das sie freundlich wie stets begrüßt und tut, als könnte es kein Wässerchen trüben …

5. Geschmack wohnt am Weinmarkt

Eine Kakofonie ist eine Reihe unästhetisch empfundener Laute. Das Gegenteil davon ist die Eufonie, also ein Wohlklang. Bedauerlicherweise gibt es kein solch schillerndes Wort für Wahrnehmungen des Geruchs- und Geschmackssinns – dabei sollte spätestens seit der Eröffnung dieses Ladens am Weinmarkt eins erfunden worden sein.

Zeit genug wäre gewesen, schließlich steht *delikatEssen* bereits seit 2008 bereit, um olfaktorische wie gustatorische Horizonte zu erweitern, und trägt völlig zu Recht den Untertitel »Genussvolles von Avocadoöl bis Zwiebelkonfitüre«. Senf, zum Beispiel, gibt's hier nicht. Sondern Schwarzbier- und Himbeer- und Estragon- und Mangosenf, und, und, und … So geht das weiter mit Gewürzen (Ajowan, Zimtblüte, Zitronensalz, Anapurna Curry, Melange Orient etc.), Ölen und Saucen, Essig, Kaffee, Brot und Konfitüren – um nur einen Bruchteil der Produktpalette zu nennen. Und das alles so adrett angerichtet, dass einem die Augen gleich noch mit übergehen können.

Bei so vielen Eindrücken kann man durchaus mal mit Schwung von seinem Einkaufszettel rutschen – gesetzt den Fall, man hatte einen solchen oder eine sonstwie geartete Vorstellung von dem, was man gern erstehen möchte. Ist aber einerlei, denn das *delikatEssen*-Team weiß mit einem Wissensschatz, der der aufgebotenen Hingabe in nichts nachsteht, beratend durchs Sortiment zu führen, Aromen zu benennen und Geschichten zu erzählen, Geschmacksrichtungen zu komponieren und wohlüberlegte Weinempfehlungen auszusprechen.

Zudem gibt es immer wieder wechselnde Veranstaltungen wie Gin-Tastings, Olivenöl- oder sonstige Verkostungen, im Zuge derer die Teilnehmer einerseits ihre Geschmacksknospen zum Erblühen bringen und andererseits ihr Wissen hübsch vertiefen können. Wenn Sie also nächstens beim Griff zum Discounter-Öl von Vorbeigehenden milde belächelt werden, wissen Sie, wie der Hase läuft. Oder besser gesagt: wohin.

delikatEssen
Weinmarkt 14
90403 Nürnberg

Tel. 09 11/2 02 91 32
www.delikatessen
-nuernberg.de
Di–Fr 10.00–18.30
Sa 10.00–17.00
Lorenzkirche: U1
Rathaus: Bus 36, 47

6. Sonnenbevorteilt und schwer historisch

Ganz arg wahnsinnig gerne würde man hin und wieder in den Kopf manch eines auf historischen Altstadtpfaden strawanzenden Menschen schauen können und sich die Vermutung über das bestätigen lassen, was er wohl grade denkt, wenn er aus dem Tiergärtnertor wieder auftaucht oder den bösen, weil steilen, Burgberg erklommen hat. Zumal im Sommer. Zumal abends.

Café Wanderer/Bieramt
Beim Tiergärtnertor 2
90403 Nürnberg

Tel. 01 78/3 66 63 34
www.cafe-wanderer.de
Hallertor/Tiergärtnertor:
Straßenbahn 4
Burgstraße/Weintrau-
bengasse: Bus 36

Café Wanderer
Regenzeit
(1. März–15. Apr und
16. Okt–23. Dez)
Di–Sa 10.00–19.00
So 12.00–19.00
Sonnenzeit
(16. Apr–15. Okt)
tägl. 10.00–0.00

Bieramt
Regenzeit
(1. März–15. Apr und
16. Okt–23. Dez)
Di–So 17.00–0.00
Sonnenzeit
(16. Apr–15. Okt)
Mo 17.00–0.00
Di–So 14.00–0.00

Tipp: Wenige Schritte
südwärts gibt's in der
Altstadthofbrauerei
Bieriges verschie-
denster Art, darunter
die äußerst beliebte
1-Liter-Bügelflasche zum
Mitnehmen!
www.hausbrauerei
-altstadthof.de

Dann nämlich sieht der geneigte Entdecker folgendes Bild: Sehr viele Menschen sitzen, ach was, lagern auf Stühlen und am Boden, halten große Gläser voller Bier und Wein in den Händen und scheinen sich ausgezeichneter Stimmung zu erfreuen. Und mitnichten handelt es sich bei diesen Menschen um eine Gruppe Clochards, ganz im Gegenteil. Vielmehr um Nürnberger, die wissen, wo das Bier und der Kaffee gut sind, wo die Sonnenstunden der Laune in nichts nachstehen, und die sich unter Umständen auf eine Art Zeitreise begeben wollen – dürfte doch der ein oder andere unter ihnen schon vor rund 20 Jahren genau hier gesessen und ziemlich genau das gleiche getan haben.

»Der Dürer« (wie der Tiergärtnertorplatz im Volksmund heißt) erfährt seit der Neubespielung der beiden gastronomischen Einrichtungen *Bieramt* und *Café Wanderer* eine Renaissance. Hier trifft man sich, sobald die beiden winzigen Kneiplein aus dem Winterschlaf erwachen, beim allerersten Sonnenstrahl, in den man die Nase reckt – bequem auf einem der wenigen Stühle lümmelnd, weniger bequem an den Dürer-Hasen gelehnt oder kurzerhand auf dem Kopfstein-pflaster sitzend. Um Kaffee zu trinken oder fränkisches Feierabendbier, um sich über den Gitarrenspieler irgendwo da drüben zu freuen und über die Schönheit des am Fuße der Burg liegenden Platzes, dem gegenüber sich des alten Albrechts Wohnstätte befindet. Und über die Gesichter der Altstadtspaziergänger. Besonders die, denen wieder niemand gesagt hat, dass man diese Stadt unbedingt besichtigen sollte, so viel man will und kann – aber bitte nicht auf Stöckelschuhen!

7. Boule im Bürgermeistergarten

Dass die Kaiserburg ein Publikumsmagnet ist, bedarf wohl kaum einer Erwähnung an dieser Stelle. Deswegen soll sie flugs umrundet werden – und das darf man bitte ganz wörtlich nehmen. Während nämlich vorne, also auf der der Innenstadt zugewandten südlichen Seite, der touristische Ameisenhaufen eifrig schaut und lernt und Selfies macht, geht's ein paar Schritte weiter für gewöhnlich eher ruhig zu.

Burggarten auf der
Kaiserburg
Burg 13
90403 Nürnberg

Tel. 09 11/2 44 65 90
www.kaiserburg
-nuernberg.de
Apr–Okt ca. 8.00–20.00
Eintritt frei
Lorenzkirche: U1
Tiergärtnertor:
Straßenbahn 4

Der *Burggarten* öffnet zwar im Gegensatz zum Rest der altehrwürdigen Anlage erst im Frühjahr, doch das ist durchaus sinnvoll, zeigen sich die treppenartigen Terrassen dann nämlich auch in, ja, vollster Blüte. Der Einfachheit halber beginnt man den Spaziergang links von der Kaiserstallung (in der sich übrigens die Jugendherberge befindet, die spätestens seit der Renovierung ein echtes Erlebnis darstellt) und dem Fünfeckturm, gelangt durch ein kleines Tor zur oberen Bastei und dem Rosengarten.

Sowohl hier als auch im weiteren Verlauf ist es besonders wichtig, den Warnschildern Folge zu leisten, sich keinesfalls von den meterdicken Mauern dazu verführen zu lassen, darauf Platz zu nehmen und den herrlichen Ausblick – womöglich gar im Sonnenuntergang – bei einem guten Gläschen aus dem Picknickkorb zu genießen! Lieber hurtig weiterschlendern, Blütenmeere und Baumrondelle entdecken, dem Pfad der Burgmauer folgend Bürgermeister- oder Heilpflanzgarten erkunden, den Menschen beim Boulespiel zusehen oder selber einen Wurf wagen und ab und an die Nase links und rechts über Mauern und durch Fenster recken, um sich zu wundern, wo man jetzt gleich wieder gelandet sein mag – in einer steinernen Galerie beispielsweise, auf der man sich vis-à-vis dem Albrecht-Dürer-Haus und quasi mitten im Tiergärtnertorplatz (→ *Café Wanderer*, s. S. 13) befindet.

Alles Wissenswerte wie die Historie findet sich entlang des Spaziergangs auf Informationstafeln – den Rest erschließt man sich am besten mit einem kleinen Tagtraum.

8. KKK – Kaffee, Kunst und Kneipe

|||||||| |||||||| |||||||| ||||||||
(USG6)
Untere Schmiedgasse 6
90403 Nürnberg

www.usg6.de
Do–Sa ab 14.00
Lorenzkirche: U1

X /

Wenn das der alte Albrecht wüsste, im Grabe würde er sich wenden – vor Vergnügen! Ist doch seine alte Lieblingsbeize, in der das künstlerische Aushängeschild der Noris seinerzeit die Sturm-, Drang- und bestimmt vor allem Flegeljahre verbracht und mutmaßlich versoffen hat, auch heute noch in fester Künstlerhand. Oder besser: wieder.

Seit Mitte des 14. Jahrhunderts ist das Eckhaus, das zu den ältesten seiner Art zählt, im sogenannten »Milchmarktviertel« am Fuße der Burg durchgehend eine Schänke. Und seit 2013 eine, die sich ziemlich ganz der Kunst verschrieben hat – in all ihren Auswüchsen. Fängt damit an, dass einer der Betreiber aus dem Schoße der → *Akademie der Bildenden Künste* (s. S. 80) und hier wiederum der Schule des weltberühmten Fotografen Jürgen Teller entspross. Manifestiert sich weiter in der offiziellen Anmeldung als »Raum zur freien Entfaltung des Individuums mit Wandheizung«, was in gänzlichem Gegensatz steht zum eigentlichen Namen der Sandsteinkneipe – den gibt es nämlich schlichtweg nicht: Man geht »in die *USG6*« (nach der Adresse Untere Schmiedgasse 6), »zum Häusi« oder »zum Moe«, womit die beiden Betreiber gemeint sind, oder halt zum jeweiligen Favoriten unter den Barkeepern, worunter sich auch einer befindet, der eigentlich Priester ist.

In der Bar, deren Untergeschoss sich in den Fels gehauen präsentiert, gibt es Raum, Platz und Gelegenheit zur künstlerischen Entfaltung jedweder Art, ein Angebot zum Ausleben, sei's durch Installationen und Liveperformances, sei's durch für jedermann bereitstehende Stifte, mittels derer die spezialblank etikettierten Bierflaschen gestaltet werden können. Egal, was sich in der Stadt grad so tut, die *USG6* weiß sich immer einzubringen, zu überraschen und mit viel Liebe aufzuwarten – und mit Kaffee, denn die Bar mit Quasi-Burgblick und Schallplattenfachhandel öffnet bereits um 14 Uhr, was größte Gefahren in sich birgt, wächst man doch unversehens auf der außenliegenden Fensterbank fest und befindet sich völlig überraschend auf einmal mitten im Abendbetrieb. Und dann lohnt sich's heimgehen ja auch schon nicht mehr.

9. Der schönste Nebenschauplatz der Weihnachtswelt

Seit Anbeginn der Zeitrechnung betritt an einem Freitagnachmittag im Dezember ein goldgelockter Engel die Empore der Frauenkirche am Hauptmarkt, um zu seinem Markte einzuladen und alle willkommen zu heißen, die da kommen. Zu diesem Ereignis hat der Eingeborene ein zwiegespaltenes Verhältnis. Die einen schimpfen Kommerz, Überfüllung, Blasphemie. Die anderen haben die Liebe zum weihnachtlichen Aushängeschild der Stadt mit dem Mutterglühwein aufgesogen und baden vergnügt in den Hundert-, ach was: Tausendschaften, und missbrauchen den Prolog für Trinkspiele, weil sie wissen, dass sie vom Rauschgoldengel eh nichts zu sehen kriegen werden.

Während der Nürnberger also dem Großereignis mit heiliger Entspannung begegnet, versucht der Zugereiste verzweifelt bis gewaltsam, einen

Markt der Partnerstädte
Rathausplatz
90403 Nürnberg

www.christkindles
-markt.de
jährlich im Advent,
tägl. 10.00–21.00

Lorenzkirche: U1

Tipp: Steigeisen anziehen, den Burgberg hochkraxeln und sich das alles von oben anschauen!

Blick auf die städtische Botschafterin für Frieden und Liebe zu erhaschen. Lassen wir die sich also gegenseitig durch »die Stadt aus Holz und Tuch« schieben und wenden uns nordwärts.

Hier findet sich auf dem Platz am Fuße des alten Rathauses der *Markt der Partnerstädte*, der guten Gewissens Erwähnung finden darf, obwohl er den Status »Geheimtipp« doch längst eingebüßt hat. Besagte rund um den Globus verteilte Partnerstädte finden sich hier ein, um höchst Unfränkisches feilzubieten: Die jeweiligen Repräsentanten aus beispielsweise Schottland, Polen, Frankreich, Griechenland, der Türkei oder den USA (und nicht zu vergessen: Thüringen!) haben schon den ein oder anderen Entzückensschrei verursacht.

So verschieden die jeweiligen Angebote, so sehr eint sie alle, dass zum Repertoire der meisten ländertypische alkoholische Heißgetränke gehören, die eine sinnvolle Abwechslung zum südlich erhältlichen Großanbietererzeugnis bieten. Außerdem findet sich in Duftweite eine Feuerzangenbowle, die im Gegensatz zu anderen Rekordhaltern nicht nur ein monetäres, sondern auch olfaktorisch-gustatorisches Erlebnis darstellt.

Dem traditionsreichen Treiben auf dem Hauptmarkt soll mitnichten die Daseinsberechtigung abgesprochen werden – aber es ist halt nicht jedermanns Sache. Und so lohnt es sich dringend, die Augen und Ohren offen zu halten nach ruhigeren Ecken und Orten.

10. Schlendern durch die Weltmusik

Mit diesem Fest kann man exakt genau ein Problem ernsthaft anführen: Verständigung. Nämlich, dass man nicht weiß, was ein »Barde« eigentlich ist, und sich dann salbadernd in Streitreden über Frisöre ergeht, oder weiß, was ein »Barde« ist, und sich vorstellt, dass Männer mit Lauten an Bäume gebunden vom Singen abgehalten werden, oder dass man den fränkischen Dialekt fehl- und das Fest in eine große Poolparty uminterpretiert.

Alles vergessen! Die einzige Wahrheit nämlich ist, dass es sich beim *Bardentreffen* um ein wunderschönes dreitägiges Musikfestival handelt, bei dem kurzerhand die historische Altstadt in Gänze zu einer einzigen Konzerthalle umfunktioniert wird. 1976 zu Ehren des 400. Todestages des Meistersingers Hans Sachs ins Leben gerufen, werden seitdem für Ende Juli/Anfang August Künstler aus der ganzen Welt geladen, um auf den unterschiedlichsten Bühnen eine Fülle und musikalische Bandbreite an Konzerten zu geben, dass die Ohren nur so schlackern.

Neben jungen, unbekannten Talenten, die es unbedingt zu entdecken lohnt, sind immer auch namhafte unter dem jeweils nach einem spezifischen Motto ausgewählten Line-Up – weniger, was Ottonormalcharthörer kennt, eher das, was gemeinhin unter dem schwammigen Begriff »Weltmusik« verortet wird. Abgesehen von den traditionellen Hauptbühnen zwischen riesig (Hauptmarkt) und überschaubar (St. Katharina) aber ist die ganze Innenstadt Musik. Denn hier darf jeder, der kann, eins aufspielen, singen, trommeln, flöten. Gewiss – nicht jeder, der darf, kann auch, aber das macht nichts, braucht man sich doch nur umzudrehen und drei Schritte weiterzugehen, um im Zweifel ein großartiges Talent zu entdecken oder Künstler, die sonst Hallen füllen, die Gelegenheit aber nutzen, womöglich zu ihren Wurzeln zurückkehrend, die unvergleichliche Atmosphäre dieses besonderen Straßenmusik-Festivals mitzunehmen.

Man kann entweder im Vorfeld das Programm studieren, um das dann einem straffen Zeitplan folgend abzuarbeiten. Oder nicht. Schlendern und entdecken, sich Empfehlungen geben lassen, dabei aber einkalkulieren, dass Spielorte schlichtweg zu überfüllt für arg Kurzentschlossene sein können. Ob Kinderquatsch, Hip-Hop, Flamenco oder Afro-Pop: Hier findet jeder ein Zuhause, der Lust hat, sich auf Neues einzulassen, der gern gemeinsam mit vielen Menschen sitzt, steht, tanzt und flexibel in der Klamottenwahl ist. Weltuntergang oder Traumsommer – kann alles passieren.

Bardentreffen
Altstadt
90402 und 90403
Nürnberg

Fr–So Ende Juli/
Anfang Aug
www.bardentreffen.de
Hauptbahnhof:
alle Linien

11. Das Überraschungsei zum Hindurchflanieren

Nürnberg.Pop Festival
Altstadt
90402 und 90403
Nürnberg

www.nuernberg-pop.de
ein Sa im Sep/Okt ab
18.30
Hauptbahnhof:
alle Linien

Tipp: Früh Karten
kaufen! Früh kommen!

Konzerte in Kirchen, Konzerte in Bäckereien, Konzerte in Klamottenläden, Konzerte an allen möglichen Orten, wo man derlei eigentlich nicht erwarten würde: *Nürnberg.Pop* macht's möglich. Und das so erfolgreich, dass das seit 2010 einmal jährlich Ende Oktober stattfindende Musikevent mittlerweile als »Süddeutschlands größtes Club- und Showcase-festival« firmiert und von einst acht Spielstätten, 25 Bands und 900 Besuchern mittlerweile auf ein Vielfaches angeschwollen – und weiter auf Erfolgskurs ist.

Das ist nicht zuletzt dem geschickten Händchen und feinen Gespür der Veranstalter zu verdanken, die schon mehrmals unter Beweis gestellt haben, Potenzial von Bands und Künstlern weit vor anderen zu erkennen – da kann dann schon mal passieren, dass es plötzlich zu Riesenanstürmen auf einzelne Gigs kommt, wenn beispielsweise ein seit des Bookings zu internationalem Ruhm gelangter und Hallen füllender »Milky Chance« im Line-Up auftaucht, zu dem international Bekannte ebenso gehören wie regionale Newcomer.

Das Konzept des Festivals, das sich vornehmlich in der südlichen Altstadt abspielt, lautet aber ganz klar: Tickets kauft man (wie übrigens bei jedem anderen Festival auch!) nicht für einzelne Konzerte, sondern für die ganze Nacht, durch die man sich am besten treiben und ganz viel überraschen lässt. So tingelt man also entspannt herum, schnuppert mal hier rein und mal dort, und entdeckt neben viel, viel Musik vor allem auch Ecken und Lokalitäten in der Stadt, die man sonst vielleicht meidet wie der Teufel das Weihwasser oder einfach so noch nicht drin war.

Unter den Spielstätten sind ruhige und laute, Diskotheken und Hotelbars, große und sehr kleine, Museen und Kneipen – jede mit ihrem eigenen Charme, keine, bei der sich die Veranstalter nicht ihre Gedanken gemacht hätten, alles in Laufweite. Das und die vielen zusätzlichen DJ-Sets, die die Nacht bis zur letzten Sekunde ausreizen, spotten dem Preis, der mit etwa 30 Euro halb so hoch ist wie heutzutage bereits Konzerte einzelner Künstler kosten ... So ist *Nürnberg.Pop* ein Erlebnis, das zum Verweilen einlädt und zum Entdecken verführt – ein echtes Flanierfestival eben.

12. »Pengertzratzen« und Zwiebelkuchen

München, Oktoberfest, Wies'n? Da winkt der Nürnberger nur müde ab. Warum in die Ferne schweifen, wenn das Gute doch direkt vor der Haustür liegt? Vor lauter Freude hierüber vergisst der Einheimische jedoch gern einmal, dass das, was er mit *Altstadtfest* assoziiert, eigentlich der Markt der Gastlichkeit ist.

Aber von vorne: Einmal jährlich, gegen Ende September, gibt es in besagter Altstadt – genauer: ums Epizentrum Hauptmarkt herum – ein vergnügliches Programm. Das besteht beispielsweise aus dem über den ganzen Zeitraum geöffneten Herbstmarkt, auf dem es alles zu erstehen gibt, was das Hausfrauenherz begehrt, dazu Gundel-Pfannen, Schürzen, diverse Leckereien und, nicht zu vergessen, den in keinem Haushalt fehlen dürfenden fünf-Meter-um-die-Ecke-ausfahrbaren Teleskop-Besen.

Altstadtfest
Altstadt
90402 und 90403
Nürnberg

www.altstadtfest-nue.de
Mitte-Ende Sep
Wöhrder Wiese: U2

Zu anderen, einzeln über den Aktionsradius verteilten Höhepunkten gehört aber auch das traditionelle »Pengertzratzen«: Eine aufs Mittelalter zurückzuführende Tradition, die auf die hochdeutsche Bezeichnung »Fischerstechen« hört und, kurz gesagt, nichts anderes bedeutet, als dass auf wackligen Bötchen stehende Menschen versuchen, sich gegenseitig mittels langer Stangen in die Pegnitz zu befördern, was je nach herbstlicher Witterung mehr oder eher weniger angenehm sein dürfte. Für den geneigten Zuschauer allemal ein großer, schadenfreudiger Spaß.

Ein solcher findet zweifelsohne tous les jours auch auf eingangs erwähntem Markt der Gastlichkeit statt – stellt der doch traditionell die letzte Möglichkeit dar, in launiger und gemütlicher Runde unter freiem Himmel auf das Leben anzustoßen, bevor die lange Durststrecke bis zur Eröffnung der ersten Glühweinstände ansteht. Hierfür werden

Hans-Sachs-Platz und Insel Schütt in ein temporäres Hüttendorf verwandelt, in dessen engen Gassen alle Welt sich trifft, trinkt und auch tanzt, sich über Federweißen und Zwiebelkuchen freut, Steinkrüge klirren und Schäufele-Kruste krachen lässt, Freunde trifft und Unbekannte unversehens eingemeindet.

Wer Misstrauen hinsichtlich der Gunst der Witterung hegt und sich deswegen Plätze in einer der Hütten sichern möchte, der sollte zum einen sehr, sehr schnell sein und zum anderen nichts gegen ausgelassene Heiterkeit haben – zumindest hier nämlich ähneln sich *Altstadtfest* und der große Zeltbruder aus der bayerischen Hauptstadt dann gewissermaßen doch.

13. Sonnenplatz mit Vintagecharme

Café Bar Katz
Hans-Sachs-Platz 8
90403 Nürnberg

Tel. 09 11/23 69 05 26
Mo–Do 11.00–1.00
Fr–Sa 11.00–2.00
So 11.00–18.00
Lorenzkirche: U1

Tipp: Bei dem mit Adleraugen über den Platz wachenden Herren handelt es sich um den namensgebenden Schuh-

Ob es dem Umstand geschuldet ist, dass schöne Innenstadtcafés in Nürnberg rar gesät sind oder irgendein anderer Nerv getroffen wurde – man weiß es nicht so ganz genau. Ist aber auch total egal. Fest steht: Das *Café Bar Katz* hat sich nicht nur seit der Eröffnung im April 2014 zu einem festen Anlaufpunkt gemausert, sondern sozusagen irgendwie bereits davor schon, versorgte hier doch über Dekaden hinweg das *Café Böckler* das Volk mit Zwetschgendatschi. Den gibt's jetzt nicht mehr, dafür anderes.

Unaufgeregter Charme, irgendwie urban-vintage-hipster-chic, einladend bequeme Oma-Sofas warten vor blanken Wänden auf Besucher, das Interieur kunterbunt von überallher zusammengesammelt und dabei in sich völlig stimmig. »Berlin-Style« könnte man jetzt sagen, wollte man solche Vergleiche nicht besser tunlichst vermeiden.

Viel wichtiger als alles, was drinnen geschieht (und das ist einiges), ist ohnehin, was draußen vor der Fensterfront so passiert. Das *Katz* wartet nämlich mit einer mehr als großzügigen, quasi von morgens bis abends sonnenbeschienenen Außenfläche auf, die ungefähr immer voll besetzt ist. Weil's halt so schön ist, zum Gucken und Ausruhen

und Quatschen, und dann geht der Nachmittags-
kaffee plötzlich in den Moscow Mule über und der
Orange-Käse-Thymian-Kuchen in den Linsensalat.

Das Angebot von Bieren, Gins und sogenannten
»Vins naturels« ist reichhaltig und vielfältig, aber
nicht ganz günstig – dafür gibt's neben Kud-
delmuddel und Gewusel in der Einflugschneise
Insel Schütt–Zentrum noch ein bisschen Historie
und Rätsel gratis obendrauf: Das *Katz* hat seinen
Namen natürlich von irgendwoher. Die Lösung?
Befindet sich in Blickweite. Viel Erfolg!

macher, Dichter und
berühmtesten deutschen
Poeten des 16. Jahrhun-
derts – Hans Sachs.

14. Va dove ti porta il cuore

Tja, *Franco* oder *Giorgio*? Diese Frage wurde
womöglich noch nie ernsthaft gestellt. Man tut
es einfach: einem dieser beiden winzigen Flecken
Italien mitten in der Innenstadt einen Besuch
abstatten, wann immer es sich anbietet. Was es
zugegebenermaßen oft tut. Witzigerweise schau-
en überraschend viele Nürnberger »wie a Achala
wenn's blitzt«, vernehmen sie die Information, man
befände sich »beim *Franco*« oder »beim *Giorgio*«.
Weil halt immer alle so schnell umeinandersausen
in der geschäftigen Innenstadt, kann man so eine
Kleinigkeit schon mal übersehen.

»Va dove ti porta il cuore«, »Geh, wohin dein
Herz dich trägt«, und so bleibt es auch eine rein
intuitive Herzensentscheidung, ob man sich südlich im *Café Bar Franco* verquasselt oder exakt
das Gleiche beim im Prinzip exakt gleichen, wenige Meter nördlich gelagerten Bruder tut. Der
heißt *Vini e Panini da Giorgio* und zeigt auf dem
Fußgängerzonenbildschirm den Längs- statt Quer-
verkehr. Beide sind eine Café-Gelateria-Vini-Dolci-
Antipasti-Bar, beide sprühen vor südländischem
Charme und geizen mit Komplimenten ebenso
wenig wie mit dem Einschenken des Sprizz.

Das weiß vor allem ein bestimmter Menschen-
schlag zu schätzen, der sich bei häufigeren Besuchen
und genauerer Betrachtung als höchst unterhaltsam
herauskristallisiert. Berührungsängste sind hier

Café Bar Franco
Spitalgasse 2
90403 Nürnberg
Tel. 09 11/2 02 93 93
Mo-Sa 8.00-0.00
So 12.00-22.00

Vini e Panini da Giorgio
Königstraße 2
90402 Nürnberg
Tel. 09 11/2 11 06 97
Mo-Sa 9.30-0.00
So 14.00-21.00

Lorenzkirche: U1

Fehlanzeige. Das bedingt sich durch die illustre Mischung aus Stammkundschaft, Zufallsbesuchern, Familienrastenden oder Abendstartern – einerseits. Andererseits durch die räumliche Beschaffenheit, die es zu einem Leichten macht, in Kontakt mit Fremden zu treten, sodass sich aus der ein oder anderen Zufallsbekanntschaft gern mal erquickliche Abendgesellschaften ergeben können.

Am allerliebsten aber ist man nicht IN Italien, sondern davor, und zwar ganzjährig. Zu jedweden innerstädtischen Ereignissen eignen sich Tischchen und Barhocker ganz vorzüglich, das Treiben außerhalb des roten Teppichs zu beobachten, mit den Kellnerinnen und, ganz italienisch, vor allem Kellnern zu schäkern und den lieben Gott einen guten Mann sein zu lassen. Kann durchaus passieren, dass man dann befindet, Shoppingtour oder sonstige Besorgung zugunsten eines weiteren Espressos oder Vinos kurzerhand zu stornieren. Dafür können sowohl der *Franco* als auch der *Giorgio* aber nur sehr bedingt was.

15. Parken mit Adlerblick

Mit dem Auto in die Innenstadt zu fahren, ist für gewöhnlich eher eine höchstens mittelgute Idee, haben die doch gerne viele Menschen, was zu ausflugsvergrätzenden Warteschlangen vor City-Parkhäusern führt. Und ist völlig unnötig, rühmt sich die Stadt doch eines ausgezeichneten P+R-Systems mit zwölf offiziellen und natürlich Myriaden inoffizieller Anlaufstellen.

Parkhaus Adlerstraße
Adlerstraße 4
90403 Nürnberg

Tel. 09 11/24 25 40
www.phadler.de
tägl. 24 Stunden
Lorenzkirche: U1

Tut man das dann doch, also das mit dem Auto und der Innenstadt, ist ein Parkhaus ganz besonders zu empfehlen: dasjenige in der Adlerstraße nämlich, das völlig zu Recht mit dem Slogan »zentraler geht's nicht« wirbt. Und außerdem mit ganz viel Service daherkommt. Mit einer Tankstelle zum Beispiel. Und mit dem großartigen, schwer zu toppenden Service des Burg-Panorama-Blicks! Den gibt es beispielsweise zum Freundschaftspreis von einem Euro, so viel kostet nämlich die erste angefangene halbe Stunde (werktags 8.30–20.30). Dann muss man sich nur noch bis ganz hinauf wagen – sei's per Kfz, Aufzug oder Pedes, und siehe da: Das oberste Parkdeck des *Adlerparkhauses* ist ähnlich einer Dachterrasse offen und präsentiert einen großartigen, gänzlich unverstellten Blick auf alles, was sich so zwischen Kaiserstraße und der exakt gegenüberliegenden Kaiserburg abspielt.

Selbstverständlich sollte man unbedingt diesen Umstand nicht fälschlicherweise mit einer Einladung zur Stippvisite verwechseln, schließlich handelt es sich hierbei immer noch um ein Park- und kein Sozialhaus. Wenn man also rein zufällig noch ein paar Minuten Zeit hat zwischen den eiligen Besorgungen, und dann womöglich rein zufällig noch schönes Wetter und am Ende auch noch eine der zahlreichen innenstadtbereichernden Veranstaltungen am Fuße des Parkhauses stattfindet, sollte man sich dringend kurz dieser herrlichen Möglichkeit erinnern, hinaufeilen auf die Parkhausterrasse und dort innehalten. Oder in umgedrehter Reihenfolge. Rein zu Orientierungszwecken, versteht sich. Denn: Zentraler geht's nicht!

Tipp: Nicht erwischen lassen! ☺

16. Das öffentliche Wohnzimmer

Ein privates Wohnzimmer, das öffentlich ist – was soll das sein, möchte man da direkt wissen. Die Antwort befindet sich in der Ostermayr Passage, hört eigentlich auf den etwas unhandlichen Namen »Deutschlands erstes Kulturwohnzimmer der Gesellschaft zur Förderung von Kunst und Kultur in Europa e. V.« und wird gemeinhin aber dann doch lieber als *Weinerei* bezeichnet.

Um dort gleich anzuknüpfen: Nomen est omen! Denn um den Traubensaft geht's durchaus – wenngleich an und für sich nicht primär. Primär wollte sich 2002 ein Freundestrupp einen Treffpunkt schaffen. Beieinandersitzen, austauschen. Bald gab's hier und da einen Künstler, der die Freunde unterhielt oder Werke an die Wände pinnte, dazu das ein oder andere Gläschen Wein – auf Spenden-

Weinerei
Gesellschaft zur Förderung von Kunst und Kultur in Europa e. V.
Königstraße 33–37/
Ostermayr Passage
90402 Nürnberg

basis, weil so ein unkommerzieller, gemeinnütziger Verein verdient ja nichts.

Heute, viele Jahre und einige Zwischenstationen später, hat sich am Konzept prinzipiell nichts geändert. »Wir machen, worauf wir Bock haben«, sagt die *Weinerei*. Und Bock hat man, als Treffpunkt zu funktionieren, jungen Künstlern eine Plattform zu bieten, hier und da mal einen etablierteren ins Haus zu holen. Dessen Fassungsvermögen ist mittlerweile beträchtlich ge- und auf eine Art insgesamt erwachsen geworden: 200 Quadratmeter auf zwei Etagen – unten gemütlich sitzen, plauschen, lauschen, oben eine Galerie im wahrsten Wortsinn – bieten ebenso Platz für allerlei konstruktiven Schabernack wie beispielsweise zur *Weinerei* gehörende Schaufenster.

Das Prinzip der Getränke-gegen-Spenden (man »mietet« ein Glas und entrichtet später einen als angemessen empfundenen Betrag) gilt es ebenso zu respektieren wie den Umstand, dass es sich bei der *Weinerei* keinesfalls um eine Dienstleistungsbar handelt, sondern immer noch um ein Hobby, das organisch und gern auch mal nach Belieben funktioniert. Willkommen ist zu den üblichen Zeiten freilich dennoch jeder, der sich vom Underdogkonzept und dem Programm angesprochen fühlt, das mit Malerei, Lesungen, DJs oder Bands die Vielfältigkeit der Truppe widerspiegelt.

17. Feiern im Bermudaviereck

Es gab mal eine Zeit, da wusste man auf die Frage ratloser Nachtschwärmer, wohin jetzt wohl am besten zu gehen sei, nur hilflos mit den Schultern zuckend zu antworten, die Stadt habe jetzt eigentlich eher keinen Kiez, man möge sich doch versuchsweise im Zentrum so von Ecke zu Ecke hangeln. Dieses Ungemach hat seit einigen Jahren eine Änderung erfahren, deren Ende bislang nicht in Sicht ist. Was tagsüber eher nach Tristesse aussieht, verwandelt sich nachts in ein erquickliches Areal: »Die *Klara*« steht Pars pro Toto für eine wachsende Ansammlung von Clubs, Bars, Kneipen und Pubs, die zwischen Rockabilly und Hip-Hop, Sportsbar und Metalkneipe, Karaokeschuppen und Elektrobude mäandert.

Das »Bermudaviereck«, so genannt, weil hier schon mal Fahrräder, Menschen oder ganze Wochenenden verloren gehen können (passend dazu steigt einmal jährlich ein gleichlautendes Festivalchen), beginnt irgendwo am Hallplatz, zieht sich quer durch die *Klaragasse*, über die Luitpoldstraße und endet ungefähr auf Höhe Sterntor. Zwischen 18 und 38 finden Nachteulen jedweder Couleur hier ziemlich sicher ein Plätzchen, und die absolute Laufnähe aller Lokalitäten zueinander ermöglicht fröhliches Kneipenhopping ohne größere logistische Schwierigkeiten.

Dank diverser Einrichtungen kulinarisch mehr (Schachtelwirte) oder weniger (wie der anatolische Feinschmeckerplatzhirsch) zweifelhaften Rufs ist auch für den späten Hunger gesorgt. Den besonders späten führt seit jeher der Weg in die *Wacht am Rhein*, in der sich traditionell alle treffen, die auch nach dem letzten Kehraus noch nicht genug, dafür aber große Lust auf ein Schäufele und ein allerletztes Bier haben.

Ebenfalls einmal jährlich erscheinen beim Klaragassenstraßenfest alle Artgenossen bei Tageslicht, um mit Kind und Kegel, Bands und Comiczeichnen das Leben im Allgemeinen und das nächtliche im Speziellen zu feiern. Die Atmosphäre hier steht sinnbildlich für das sonst übliche Treiben: bunt gemischt, freundlich und friedlich und bestens gelaunt.

Klaragasse
90402 Nürnberg
Hauptbahnhof oder
Lorenzkirche: U1

Wacht am Rhein
Klaragasse 22
90402 Nürnberg
Tel. 09 11/22 64 75
www.wacht-am-rhein
-nuernberg.de
Do-Sa und vor Fei ab
0.00

Tipp: Einmal aus der
Klara- in die Grasers-
gasse gefallen, findet
man sich vor dem wun-
derbaren Germanischen
Nationalmuseum wieder!
www.gnm.de

18. Last night the WuDu saved my life!

Läuft man zu später Stunde durch die Luitpoldstraße, so kommt man nicht umhin, sich immer wieder die Frage zu stellen, wie die Nürnberger eigentlich existieren konnten, bevor sich in der Hausnummer 13 dasjenige, nun ja, »Lokal« einquartiert hat, dessen Name genau das ausdrückt, was es seit 2011 hervorruft: einen großen *Wurstdurst*.

In der winzigen Kaschemme, die gern auch mal verzückt als »kleinster Elektro-Club der Stadt«

Wurstdurst

Luitpoldstraße 13
90402 Nürnberg

Tel. 09 11/99 28 58 80
www.wurstdurst.info
Di–Do 11.00–18.00
Fr–Sa 11.00–5.00
Hauptbahnhof:
alle Linien

bezeichnet wird, erfährt der dann auch gleich Erlösung. Man muss der Vollständig- und Ehrlichkeit halber unbedingt erwähnen, dass es sich mitnichten so verhält, als habe die Currywurst-Ausgabestelle einzig nachts am Wochenende geöffnet, nein, nein. Ganz züchtig versorgt man hier auch wochentagsüber die Hungermägen. Aber sozusagen lebensrettend agieren die Herren und Damen in den Wochenendnächten. Mit maximalem Wirkungsgrad.

Eine typische Bestellung lautet wie folgt: »Einmal Berliner ohne 08/15 mit Pommes. Samurai und Pflaume.« Nach Baukastenprinzip kann aus verschiedenen Fleischerzeugnissen gewählt werden, die es dann mit diversen hausgemachten Dips, die großzügig über die göttlichen belgischen Fritten gegeben werden, zu kombinieren gilt, der Preis bleibt unterm Strich moderat. Vermutlich darf man kaum sagen, der *WuDu* habe sich trotz des in Sichtnähe gelegenen Schachtelwirtes derart etabliert, sondern grade eben deswegen.

Als Imbiss von Welt wird hier eigens etikettiertes Bier angepriesen, das sich im gut sortierten Kühlschrank neben allerlei Alkoholfreiem wie -haltigem befindet und mithilfe dessen schon so manch einer den just angelegten Fettfilm im Magen geschwind wieder zu durchbrechen wusste. Im Großen und Ganzen aber gilt: Last night the *WuDu* saved my life! Einziger Wermutstropfen: Einmal drin gewesen, erweist es sich als weitgehend unmöglich, den Besuch im Nachgang geheim zu halten. Da gewinnt das Wort »Mundpropaganda« noch mal eine ganz andere Bedeutung. Frisur frittiert, Magen auch – und weiter geht's.

19. Schnitzeljagd gefällig?

Möglicherweise der meistunterschätzte und darob oftlinksliegengelassene Platz der Innenstadt. Ist aber auch wirklich gescheit schwierig, eins der zahlreichen Schlupflöcher zu nutzen, die von den gängigen Ein- und Ausflugschneisen sowie diversen mehr oder minder traditionellen Touristenattraktionen directement auf den *Klarissenplatz* führen. Was im Umkehrschluss schon dessen Hauptreiz ausmacht: Der rührt nämlich daher, dass sich um den Platz herum der Odem mittelalterlicher Geschichte mit dem höchstmoderner Errungenschaften vereint.

Klarissenplatz
(zwischen Luitpold-
straße, Königstraße und
Frauentormauer)
90402 Nürnberg

Hauptbahnhof:
alle Linien

Tipp: Brotkrumen
streuen! Man weiß ja
nie …

Es bieten sich folgende Möglichkeiten, zu diesem gar so versteckten Ort zu gelangen: 1) südwestlich von der Luitpoldstraße kommend die sich unerwartet rechts auftuende Gebäudelücke nutzen, bei der ein »Sesam öffne dich!« ebenso wenig erforderlich ist wie um bei 2) auf der südwestlichen Seite von der Königstraße gen Hauptbahnhof laufend ebenfalls rechts zwischen einschlägigen Systemgastronomien hindurchzuschlüpfen (und sich die aus dem Augenwinkel erspähte *Blok-Bar* für später zu merken!). Sollte man diesen Durchgang verpasst haben, biege man entweder 3) bei der nächsten Gelegenheit scharf rechts oder 4) halb rechts ab, um sich dann innerhalb der Stadtmauer oder außerhalb (was gleichzeitig innerhalb des historischen Handwerkerhofes bedeutet, der mit allerlei Souvenirs und Kost aufwartet) entlangzudrücken, was 5) von Westen kommend ebenfalls an der Frauentormauer entlang funktioniert, der Einstieg aber wesentlich früher am Sterntor bewältigt werden muss.

Hat der Pfadfinder das geschafft, wird er belohnt. Mit der Glasfassade des Neuen Museums, also desjenigen, das für Kunst und Design zuständig ist und über wohlverteilte jenseits des Glases verteilte Häppchen Appetit auf mehr zu machen weiß (und immer sonntags für einen 1-Euro-Obolus Zugang gewährt).

Sommers wurde der Platz in jüngster Vergangenheit selbst zum Kunstobjekt der begehbaren Art, installierte doch der dänische Künstler Jeppe Hein hier seinen hexagonalen Wasserpavillon (und es bleibt nur zu wünschen, dass er das noch viele Jahre weiter tut), zuweilen finden sich hier auch andere Aktionen wie beispielsweise solche der Akademiestudenten oder welche mit Musik und Film. Viel zu wenig, eigentlich. Aber vielleicht könnte ja das Nachgebot die Anfrage bestimmen. Oder so ähnlich.

20. Die Eule hat die schönste Aussicht

Balkon Nürnberg
Beim Handwerkerhof
Königstor 2
90402 Nürnberg

www.balkonnuernberg.de
ca. März–Okt bei
schönem Wetter
tägl. 12.00–0.00
Hauptbahnhof:
alle Linien

Tipp: Wer hier landet,
weil er vor einer langen
Heimreise noch rasten
muss, und plötzlich
merkt, dass er die
Souvenirs vergessen
hat – schnell rüber in den
Handwerkerhof!
www.handwerkerhof.de

Dass vor unzähligen Jahren hier mal Milch ausgegeben worden sein soll, erscheint fast weniger abstrus als der Umstand, dass eben jene Örtlichkeit über beinahe ebenso viele Jahre schlichtweg brach lag: Der *Balkon Nürnberg* hat diesen Platz so sauber vereinnahmt, dass man sich nachgerade fragt, wie es jemals ohne gegangen sein soll.

Hier trifft sich seit einigen Jahren ab Saisonstart im Frühjahr – wann auch immer das von den Betreibern ausgerufen wird – ungefähr alles zwischen verlaufenen Touristen, die sich über eine Rast freuen, über den Pendler, der beschließt, der nächste Zug sei auch noch okay, bis hin zum Stammgast, der allabendlich sein Feierabendgetränk einnimmt.

Alle eint neben der Liebe zu fränkischem Trüb (Bier) wie Klar (Schnaps) ein nicht von der Hand zu weisender Hang zum Voyeurismus. Denn dank der Lage findet hierher nicht nur, wer beim Aus-der-Stadt-hinaus- oder In-diese-hinein-Eilen mal kurz den Kopf hebt, sondern auch, wer genau dieses Gewusel zu betrachten als Freizeitbeschäftigung auserkoren hat. Ob tagsüber oder abends, ob werktags oder am Wochenende – der *Balkon* wird nicht umsonst ironisch-liebevoll »schöne Aussicht« genannt. Unter, neben und auf der Stadtmauer tümmeln sich Fußballfans und Anzugtiere, Junggesellenabschiede und Klassenfahrten, Punker und Geschäftsdamen, spucken Busse, Straßenbahnen und Züge neue Schwärme aus, die immer neue Wunderlichkeiten mit sich bringen.

Der Ausguck überschaubaren Ausmaßes – übrigens Treffpunkt der lokalen Vespa-Szene und

Startplatz der jährlichen Saisonbeginnausfahrt derselben – über den stets die Eule, Markenzeichen der Haus- und Hofbrauerei Nikl, wacht, bringt eine gewisse Atmosphäre von Familie mit sich, zu der arttypische Frotzeleien gehören und in die neue Mitglieder mit fränkischer Freundlichkeit aufgenommen werden.

Gegen Durst gibt's Diverses aus Fass und Kühlschrank, gegen Hunger benachbarte Küchen, aus denen geholt oder bestellt werden kann, gegen Kühl gibt's Decken und gegen Regen die gesamte Fläche überspannende Schirme, unter denen bei überraschenden Weltuntergängen eng zusammengerückt schon mal die ein oder andere launige Bekanntschaft geschlossen werden kann. Nachdem der *Balkon* im Winter mit großem Getöse die Saison verabschiedet hat, zieht er übrigens für gewöhnlich klammheimlich nach hinten in den Handwerkerhof, um dort auf der ungefähr kleinsten Ausschankfläche der Stadt für Glühbier-Wärme zu sorgen – mindestens.

21. Spielorte und Spielarten

Gleich mal eine Information vorweg für alle Neulinge, in der Hoffnung, sie seien weniger belehrungsresistent als die Alteingesessenen: Das *KunstKulturQuartier* ist mitnichten das, was der ignorante Nürnberger beständig »Künstlerhaus«, »K4« oder gar in verträumter Erinnerung an wilde Punker-Zeiten »Komm« zu nennen pflegt. Sondern vielmehr eine 2008 gegründete, neue Form der Kultureinrichtung, bei der sich verschiedene Sparten gegenseitig bereichern und erweitern. »Musik, Tanz, Theater, bildende Kunst, Literatur und Film gehen gemeinsame Wege, prallen derweil aufeinander, inspirieren sich wechselseitig und geben Denkanstöße – garantiert anregend, geistreich, prickelnd und Kreativität fördernd«, so heißt es.

Zu diesem Konglomerat, dessen Veranstaltungsprogramm alljährlich pickepackevoll daherkommt, gehören dann also insgesamt neun Hände, die

Kunsthaus im
KunstKulturQuartier
Königstraße 93
90402 Nürnberg

Tel. 09 11/23 11 40 00
www.kunstkulturquartier.
de

Mo–Do 8.30–15.30
Fr 8.30–14.00
Hauptbahnhof:
alle Linien

sich gegenseitig schütteln, darunter mit der Katharinenruine einer der schönsten und stimmungsvollsten Open-Air-Spielorte, mit der Kunstvilla das jüngste Mitglied der Kulturrunde als Museum für regionale Kunst, mit der Tafelhalle ein namhaftes Veranstaltungshaus für Musik, Tanz und Theater oder Gastgeber für beispielsweise den Deutschen Fußballkulturpreis, mit der Kunsthalle ein renommierter Ausstellungsort für die Präsentation deutscher und internationaler Künstler – und, freilich und endlich, das Künstlerhaus: Festival und Seminar, Labor und Kreativwerkstatt, Ausstellung und Performance, → *KulturGarten* (s. S. 32) und -Wirtschaft, Konzerte und Feiern und noch vieles mehr und soweit das Auge reicht. Oder der eigene Ideenreichtum, gehört doch zum Künstlerhaus unter anderem das Konzept der »offenen Werkstätten«: Unter professioneller Anleitung kann sich hier für einen Obolus jeder, und zwar wirklich jeder, als beispielsweise Steinmetz oder Fahrradreparateur, als Siebdrucker oder Töpfer versuchen.

Außerdem befindet sich im sogenannten »Kopfbau« des Künstlerhauses vis-à-vis vom Hauptbahnhof die »Kultur Information« – und im Zweifel kann man sich von den fleißigen Damen und Herren vor Ort noch mal genau erklären lassen, was es jetzt um Himmels Willen mit diesem »K4« auf sich hat!

22. Die Mauer muss rein gar nicht weg!

KulturGarten
Königstraße 93
90402 Nürnberg

Tel. 09 11/4 19 97 01
www.k4-kulturgarten.de
Mai–Sep
tägl. ab 11.00
Hauptbahnhof:
alle Linien

Ein Biergarten, könnte man lästern, ist sich selbst eigentlich genug Kultur, zumal in diesem Bayern. Nicht so der geschickt zwischen historischem Mauerwerk versteckte. Hier kommt schon der erste Trick: Folgt der Unwissende den jazzigen Klängen, die er entlang der Marienstraße vernimmt, so sieht er sich unter Umständen einem Schildbürgerstreich ausgeliefert ratlos vor der Königsmauer stehen. Nicht verzagen, Wand abtasten! Über kurz oder lang kommt da, versprochen, eine Türe, hinter der es sich dieses Prachtexemplar innerstädtischer Biergarten-Kultur gemütlich gemacht hat.

Der *KulturGarten* heißt zum einen so, weil's im Gesamtgebäude eh recht kulturell zugeht. Zum anderen aber, weil hier neben Bier- und Brotzeitkultur auch musikalische geboten wird. Mal steht ein DJ im historischen Wehrgang an den Plattentellern, mal spielen Bands da, wo sonst Menschen auf Stühlen um Tische sitzen, während andere lehnenfrei an der biergartengemäßen Garnitur Platz nehmen, um dort vom Grill Erstandenes zu jausen.

Der *KuGa* ist einerseits weitläufig, andererseits schön heimelig, was ebenso dem Mauerversteck geschuldet ist wie die relative Freiheit von Witterungsschwankungen – Winde bleiben draußen, Hundstage auch, für alles andere gibt es Bäume und Schirme. Und Schnaps! Na ja, und dann ganz vielleicht natürlich auch die angeschlossene KulturWirtschaft. Aber das erst, wenn's wirklich zapfig, also eiskalt, wird.

23. Von Hawaii nach Schweden in fünf Minuten

Abgedroschen, freilich. Aber weil aller guten Dinge trotzdem immer drei bleiben werden, gibt's in Sachen »Kiez« natürlich auch ein Trio. Der dieses vervollständigende ist zudem der ruhigste und sozusagen ausgewogenste – und das in jedweder Hinsicht. Wer ihn durcharbeiten möchte, dem empfiehlt sich ein Start am östlichen Ende. Entweder mit einem

Innere Laufer Gasse
90403 Nürnberg
Rathenauplatz: U3
Egidienplatz: Bus 36

Blume von Hawaii
Rosental 15
Tel. 01 51/42 32 48 06
www.blumevonhawaii.de
Di–Sa ab 18.00

Beckschlager
Rosental 1
Tel. 09 11/92 37 66 63
www.beckschlager.org
Mo–Do 18.00–23.00
Fr–Sa 17.00–1.30
So 16.00–23.00

Chong's Diner
Beckschlagergasse 6
Tel. 09 11/2 34 99 97
www.chongs-diner.de
Mo 17.00–0.00
Di–Do und So 11.00–0.00
Fr–Sa 11.00–1.00

Ludwigs Bar
Innere Laufer Gasse 35
Tel. 09 11/8 01 75 52
www.ludwigs-bar.de
So–Do 11.00–1.00
Fr–Sa 11.00–2.00

Hut Brömme
Innere Laufer Gasse 33
Tel. 09 11/22 63 65
www.kopfbedeckung
-broemme-nuernberg.de
Mo–Fr 10.00–18.00
Sa 10.00–14.00

alkoholischen Amuse-Gueule aus der Tiki-Bar *Blume von Hawaii* oder mit Grundlage wahlweise in Form eines Burgers oder eines Burgers. Nanu? Nein, stimmt schon: Sowohl das alteingesessene *Chong's Diner* als auch das jüngere *Beckschlager* machen in Hackfleischsemmeln. Ersterer in typisch amerikanischem, letzterer in einer wilden Mischung aus Rock-Kitsch-Pilsbar-Ambiente.

Unterm Tor durch geht's dann los mit dem Kneipen-Reigen – praktischerweise beinahe alles rechter Hand, unterbrochen von dem ein oder anderen Häppchen-Anbieter von griechisch über salatig bis asiatisch. Nach dem → *Meisengeigen'schen* (s. S. 35) Urgestein folgt das *Ludwigs*, eine sympathische Angelegenheit mit viel Konzert, Kunst und Kultur und reichhaltiger, durchaus fränkisch dominierter Getränkekarte. Öffnet praktischerweise schon vormittags, weswegen es sich hier prima die Tage vertändeln lässt. Mit dem *Hut Brömme* wartet ein anderes Urgestein auf, in dessen Gewölben sich ein überraschendes Museum verbirgt und dessen Nachbar *Bar Europa* in puncto Cocktails zu den etabliertesten seiner Art gehört. Statt die zentimeterdicke Karte zu lesen, besser »irgendwas« vom Barkeeper bestellen!

Es folgt die Möglichkeit länderspezifischer Ausflüge nach Skandinavien und Lateinamerika, bevor ein Sprung über die Straße ins *Streetart Café* hineinführt, in dem neben ausreichend Getränken besagte Kunstrichtung nicht nur zum Angucken, sondern bei Bedarf auch zum Erwerb zur Verfügung steht. Je nach Uhrzeit geht's anschließend stadteinwärts mit der *Bar Nürnberg* in edlere Gefilde oder nach einem winzig kleinen, aber steilen Anstieg die Tetzelgasse hinauf zu *Mam-Mam*, wo der Abend enden könnte, wie er vielleicht begann: mit Burgern.

24. Cineastischer Generationenvertrag

Lässt der Mittdreißiger sich heutzutage erzeugerseitig dazu anstiften, »eine Kneipentour wie zu Papas Zeiten« zu vollziehen, so könnte es passieren, dass der Nachwuchs über (eher) kurz oder lang den Abend damit verbringt, tröstend die väterliche Pfote zu tätscheln, die kurz zuvor noch in schalkhafter Vorfreude gerieben ward. Alles anders, nichts mehr wie früher, wo sind sie, ach!, nur hin, die guten alten Kneipen, in denen man damals die Mama …

Nun, man darf ruhig eingestehen, dass die Kneipenlandschaft in der Vergangenheit die ein oder andere Änderung erfahren hat. Jedoch steht hier und da eine Trutzburg im Getümmel, auf das diese weise und altersmilde hinabblickt. Ein solcher Methusalem ist die *Meisengeige*. Seit geschätzten 739 Jahren weitestgehend unverändert, existiert Nürnbergs erstes Programmkino vor sich hin. Vorn macht sich das dergestalt bemerkbar, dass in bester hanseatischer Manier ungeachtet jedweden witterungsbedingten Ungemachs unbedingt draußen gesessen werden muss. Wegen Rauchware drehen, wegen der Pernod bleibt schön kühl, wegen die Füße so toll auf der ehernen Umrandung parken können.

Hinten befinden sich zwei Kinosäle, in denen nicht nur Generationen von Schulklassen *Mephisto* durchlitten haben dürften, sondern sich all diejenigen einfinden, deren Affinität zu Blockbustern und Erlebnisweltkinokomplex als eher vernachlässigbar einzustufen ist und stattdessen Filmkunst zwischen Independent und Stummfilmklassikern (dargeboten in neuester Technologie!) bevorzugen.

Dazwischen befindet sich dann auch noch eine Kneipe, in der Boheme, Intellektuelle und solche, die diesen Zustand zumindest einmal ausprobieren wollen, tümmeln und lümmeln, mit Namen von den Barkeepern gerufen werden, Zeitung lesen oder Uni schwänzen oder auch nicht und sich sehnsüchtig der Tage erinnern, als man hier noch im gelebten Film noir die Gitanes ins Rotweinglas stippen konnte.

Bar Europa
Innere Laufer Gasse 31
Tel. 09 11/2 35 53 63
www.bar-europa.de
Mo 18.00–1.00
Di–Sa 11.00–1.00

Streetart Café
Innere Laufer Gasse 8
Tel. 0 15 77/3 38 07 83
Di–Do 18.00–1.00
Fr–Sa 18.00–2.00

Bar Nürnberg
Theresienplatz 1
Tel. 09 11/9 27 69 06
www.bar-nuernberg.de
Di–Sa ab 18.00

Mam-Mam Burger
Tetzelgasse 21
Tel. 09 11/48 98 02 68
Mo–Sa 12.00–22.30
So 14.00–21.00

Meisengeige
Am Laufer Schlagturm 3
90403 Nürnberg

Tel. 09 11/20 47 24
www.cinecitta.de/
filmkunstkinos

So-Mi bis 0.00
Do bis 1.00
Fr-Sa bis 2.00
jeweils ab einer halben
Stunde vor der ersten
Vorstellung
Rathenauplatz: U2, U3
Innerer Laufer Platz:
Bus 36

Beinahe wäre der Geige 2013 eines altersbedingten Schwächeanfalls wegen von Kino-Mogul Weber der Garaus gemacht worden – doch da erhoben sich Generationen und Abergenerationen von Nürnbergern und retteten mit Volkesstimme ihren Kino-Opa. Und Großeltern, das wissen wir, kann man nie oft genug besuchen.

25. Zu Gast bei Freunden

Restauration Kopernikus
Hintere Insel Schütt 34
90403 Nürnberg

Tel. 09 11/2 42 77 40
www.restauration
-kopernikus.de
Sommer: Biergarten bei
schönem Wetter tägl.
12.00-0.00, Restaurant
bei schlechtem Wetter
Mo-Sa 17.00-0.00,
So und Fei 12.00-0.00
Winter: Restaurant
Mo-Sa 17.00-0.00,
So und Fei 12.00-23.00
Wöhrder Wiese: U2, U3

Zum »Krakauer« zu gehen, ist immer eine gute Idee. So gut, dass man tunlichst daran beraten ist, den Besuch nicht allzu spontan zu gestalten, sondern beim ersten Anflug von Appetit auf Piroggen und Pfannenschnitzel zum Telefon zu greifen und eine weise Reservierung zu tätigen. Zumal im Sommer. Dann wird's nämlich lauschig und kuschlig in dem eigentlich gar nicht so kleinen, aber trotzdem ungefähr immer bestens besuchten Biergarten auf (!) der östlichen Stadtmauer.

Was auch schon eins der Erfolgsgeheimnisse der Terrasse der *Restauration Kopernikus* darstellt, über die neben dem Duft fränkischer und polnischer Küche auch der gleichlautender Historie schwebt. In der mittelalterlichen Basteianlage mit markantem Turm, die aufs Jahr 1540 datiert, befindet sich nämlich mit dem »Krakauer Haus« die einzige Einrichtung der Partnerstadt Krakau außerhalb Polens – eine Art kulturelle Botschaft, die unter anderem ein Kulturzentrum beherbergt. Dass die Küche also auch osteuropäische Spezialitäten kredenzt, ist nur naheliegend. Ob's dann Piroggen, Borschtsch und Bigos werden oder doch lieber Brotzeitplatte, Schäufele und Baggers – mit dieser Frage gilt es sich zweitrangig auseinanderzusetzen.

Erstrangig muss der Platz der Wahl gefunden werden. Während im Osten sich der Garten auf die Stadtmauer kuschelt, machen das auf der Westseite die Menschen im (und mit dem) Wehrgang selbst. Den betritt man direkt, wenn man das ein bisschen geheime Schlupfloch in der Stadtmauer auf Höhe des Prinzregentenufers gefunden hat. Und dieser grad so zwei Meter breite knarrende Flur birgt mannigfaltige Vorteile, die schlicht unter dem Wort »Romantik« verbucht werden können – bietet sich doch von hier aus ein formidabler Blick auf die Kaiserburg, die in nachgerade obszöner Schönheit erstrahlt, wenn sie ins Abendrot der in den Wehrgang hinein untergehenden Sonne getaucht wird. Und ganz nebenbei bietet das alte Dach auch noch Schutz vor klimatischer Unbill. Nur weil's regnet, heißt das noch lange nicht, dass man rein gehen muss! Was man aber kann, verfügt die *Restauration Kopernikus* doch über ausreichend Gastinnenraum. Die Reservierungssituation sollte man aber so oder so ernst nehmen.

26. Tausend tanzende Menschen, so schön, so schön, so schön

Es galt, einer gewissen Beschwerdementalität hinsichtlich des Festival-Angebotes in der Region Einhalt zu gebieten, als sich 2001 eine Handvoll Musikbegeisterter erstmals »unter der Brücke« traf, um kurzerhand eine Veranstaltung nach eigenem Gusto ins Leben zu rufen. Ob sich seinerzeit einer hätte träumen lassen, dass gut zehn Jahre später aus 500 Menschen 25 000 geworden sein würden und das *Brückenfestival* zu einer festen Institution im durchaus überregionalen Festivalkalender?

Vermutlich nicht. Und falls doch: herzlichen Glückwunsch! »Brü-brü-brü«, so lautet der Schlachtruf der zweitägigen Musikveranstaltung im August, die, merke: umsonst und draußen stattfindet, und »brü-brü-brü« steht wie derjenige, aus dessen liebevollem Mund dieser Ruf erstmals ertönte – eine Kunstfigur namens »Bird Berlin« nämlich, deren Extravaganz beinahe sprichwörtlich ist – für Glitzerliebefreudefreunde. Und dabei war's schon immer wurscht, dass dieser olle Monat sich zuweilen gebärdet wie eine der Diven, die sich schon mal unter

Brückenfestival
Nürnberger Pegnitzauen unter der Theodor-Heuss-Brücke
90419 Nürnberg

www.bruecken-festival.de
ein Fr und Sa Mitte Aug
Maximilianstraße: U1

dem handverlesenen Künstler-Potpourri tummeln.

Ihren Namen hat die Veranstaltung vom Spielort, nämlich unterhalb der dankbar breiten Theodor-Heuss-Brücke (wo unter anderem früher im Jahr auch das Afrika Festival stattfindet). Vom oben tobenden Stadtringverkehr bekommt man unten ungefähr so viel mit: nichts. Unten findet man Menschen auf Bierbänken und Decken, stehend, sitzend, liegend, alles ist drin. Menschen beim Schachspielen, Menschen beim Durch-die-Stände-Futtern, Menschen beim Poetry Slam, Menschen beim Kunstgucken oder -machen, Menschen beim Bierschlangestehen – und freilich und insbesondere: Menschen beim Musiklieben. Im bereits nachmittags startenden Programm ist für jeden der verschiedenen Geschmäcker was dabei, sei's Hip-Hop, seien's Gitarrenriffs, sei's A-cappella-Dubstep.

Während der Wind durch den immer wieder liebevoll installierten Schmuck der sonst doch eher wenig ästhetischen Brücke weht, lohnt es sich am Abend, den Blick nach Westen zu wenden und mit ein bisschen Glück eine der Sternschnuppen zu erspähen, die in diesen Tagen in Form des Perseidenregens vorbeihuschen, bevor man sich im Anschluss von der beseelten Meute zur jeweiligen Aftershow-Party in die → *Desi* (s. S. 53) schieben lässt. »Tausend tanzende Menschen, so schön, so schön, so schön!«

27. Secondhand mit Stil

Wohlfühlen, shoppen, Gutes tun – seit 2011 funktioniert diese Kombination ganz ausgezeichnet im Secondhandshop *VINTY'S*. Hier ist der Untertitel »Mode mit mehr Wert« Programm, geht es doch um Individualität statt Kleidung von der Stange und außerdem die ethische Frage von Produktion, Konsum und Wegwerfgesellschaft. Teile, die man nicht mehr tragen mag, sind ja nicht automatisch kaputt – und vor allem auch mitnichten automatisch aus der Mode gekommen. Dass »secondhand« nicht unbedingt etwas mit dem alten Kindheitstrauma, immer die Klamotten des großen Bruders aufgetragen haben zu müssen, zu tun hat, wird beim Blick ins *VINTY'S* ganz schnell klar.

Auf 300 Quadratmetern findet man individuelle Mode, bekannte Labels und echte Retroteile, Schuhe und Accessoires. Darüber hinaus fairen Tee und Kaffee, mithilfe dessen es ein Leichtes ist, sich geschwind die ein oder andere Stunde um die Ohren zu plauschen.

Doch von wegen Stillstand: Das *VINTY'S*-Programm ist voller Aktionen und Angebote. Die heißen beispielsweise »Pimp up your clothes« und laden ein, unter professioneller Anleitung aus alten Klamotten neue, individuelle Teile zu kreieren. Regelmäßig finden Modenschauen statt, es gibt saisonale Sortimente wie zur Faschings- oder Trachtenzeit und mittlerweile auch ein eigenes Label, das einzigartige und ökologisch sinnvolle Teile designt und verkauft. Denn die inzwischen in mehreren Städten Bayerns anzutreffenden Shops werden allesamt von der gemeinnützigen Organisation »aktion hoffnung« betrieben, die Kleidung nach umweltverträglichen Kriterien sammelt und verwertet und seit 1986 mit den Erlösen weltweit Entwicklungsprojekte unterstützt. Wie gesagt: wohlfühlen, shoppen, Gutes tun!

VINTY'S
Fürther Straße 74a–76
90426 Nürnberg

Tel. 09 11/92 91 94 39
www.vintys.de
Mo–Fr 11.00–18.30
Sa 11.00–16.00
Bärenschanze: U1

28. Hauptsache draußen!

Salon Regina
Fürther Straße 64
90429 Nürnberg

Tel. 09 11/9 29 17 99
www.salonregina.de
Mo–Do 10.00–0.00
Fr–Sa 10.00–1.00
So 10.00–22.00
Gostenhof: U1

Tipp: Sonnenbrille nicht
vergessen!

Dass eins gleich mal klar ist: Man sitzt am aller-aller-allerliebsten nicht IN der *Regina*, sondern davor. Es bedarf einzig eines Sonnenstrählchens und der Ahnung von Plusgraden, und schwups befindet sich der Gostenhofer Stammgast so wie alle anderen herzlich Aufgenommenen auf dem Trottoir. Wozu gibt es Decken? Eben.

Man könnte ja aber auch irgendwas Spannendes verpassen oder am Ende nicht gesehen werden, wenn man drinnen sitzt in dieser Institution, die innen in ihrem eigenen Style wesentlich charmanter daherkommt als diese Fürther Straße mit all ihren Autos und Fahrrädern, mit ihrem Gewusel und Gewerke – doch allein das ist vermutlich schlichtweg der Grund fürs Draußensitzenmüssen. Besagtes Trottoir ist breit genug, um das Miteinander der verschiedenen Existenzen nicht zu beeinträchtigen.

Neben Weinschorle, Milchkaffee und Schanzenbräu gibt es hier wechselnd verschiedenstes Hausgemachtes, zudem, so geht die Stadtlegende, höhenfluggarantierende Currywurst, viel Charme, Herz und Ideenreichtum. Letzteres äußert sich beispielsweise in der alljährlich kurz vor knapp vor Weihnachten angebotenen Geschenkverpackungssession oder am Picknick-Wald-und-Wiesen-Service: Die *Regina*s befüllen vorbestellte Körbe wunschgemäß und opulent mit verschiedensten leckeren Variationen und liefern sie bei Bedarf inklusive Equipment auch noch dorthin, wo geschlemmt werden soll.

Und um das Wohlfühlpaket abzuschließen, gibt es seit einigen Jahren auch noch die beiden *Regina*-eigenen Gastzimmer, die »im bekannten Stil von *Salon Regina*« (nein, den kann man nicht erklären. Außer vielleicht so: schön!) auf Gestrandete, Geschäftstüchtige, Erholungssuchende, Kreative, Musiker und Städtereisende wartet. Und auf die, die Glück leben und lieben. Solche Menschen eben, die hier auch sonst anzutreffen sind. Vor allem auf dem Gehsteig.

29. Kauf dich glücklich!

Mittlerweile bis zwischenzeitlich gibt es zwar einige dieser Geschäfte und Lädchen, aber die *Fachmarie* darf wohl mit Fug und Naht als Pionierin bezeichnet werden. Und als mit einem guten Riecher gesegnet. Hat sie doch lange im Voraus geahnt, dass alles, was mit Selbstgemachtem oder, wie es heißt, der »DIY«-Szene (Do It Yourself) zu tun hat, dereinst Konjunktur erfahren wird. Als »Glücksboutique« zeichnet der Laden, der 2007 als »Liebling« auf dem Markt in Erscheinung trat, sich kurz gesagt dadurch aus, dass er voller Dinge ist, ohne die man bislang ausgezeichnet leben konnte – bis zu dem Zeitpunkt, in dem man den Fehler begangen hatte, die Fürther Straße 50 aufzusuchen und im Laden herumzustreifen.

Unversehens befindet man sich inmitten einer argen Häufung potenzieller Lieblingssachen. Als da wären: »Wohnaccessoires, Kreatives, Selbstgemachtes, Hübsches, Besonderes, Einzigartiges, Gestricktes, Genähtes, Dezentes, Gemaltes, Gedrucktes, Gehäkeltes, Gebasteltes, Buntes, Kuschliges, Selbstklebendes, Textiles, Wandschmückendes, Dekoratives – eben tolle Produkte!«, wie es die Betreiberinnen kurz und prägnant auf den Punkt zu bringen wissen.

Das hauptsächliche Prinzip: Künstler, Designer, Hobbybastler und so weiter und so fort können einen bestimmten Ausstellungsteil des Ladens anmieten und in und auf den entsprechenden Regalfächern, Tischen oder Wandflächen ihre Erzeugnisse zum Kauf anbieten. Das ist vergleichbar mit der schwer beliebten Internet-Plattform DaWanDa (worüber die *Fachmarie* übrigens auch vertreibt) nur mit dem signifikanten Unterschied, dass man die Lieblingsstücke vorher mit Argusaugen betrachten, in der Hand wiegen und probetragen kann und somit die Gefahr minimiert, das Lieblingsstück traurig wieder zur Post zurückzutragen zu müssen.

Wie gesagt: Mitnichten ist die *Fachmarie* die einzige ihrer Spezies (so findet sich beispielsweise mit Holla zwei Waldfeen eine sehr charmante vergleichbare Institution in der Bucher Straße 71). Aber hier ging's damals los, und seitdem stehen Vogelhäuschen,

Fachmarie –
die Glücksboutique
Fürther Straße 50
90429 Nürnberg

Tel. 09 11/5 68 99 03
www.fachmarie.de
Mo–Fr 10.00–19.00
Sa 10.00–16.00
Gostenhof: U1

Kissenbezüge und Button-Druck-Maschinen wie ein Fels in der bastelnden Brandung.

30. MUZclub was my first love and it will be the last

MUZ – Musikzentrale
Nürnberg
Fürther Straße 63
90429 Nürnberg

Tel. 09 11/26 66 22
www.musikzentrale.com
Geschäftszeiten
Mo, Mi, Fr 12.00–18.00
Gostenhof: U1

Der gemeine Nürnberger assoziiert mit *MUZ* vor allem eins: Konzerte, Tanzveranstaltungen und wunderschöne Sommerfeste. Damit hat er ja gewissermaßen auch recht. Nur – es steckt sehr viel mehr dahinter. 1984 als »Verein zur Förderung der regionalen Musikszene e. V.« gegründet, engagiert sich die Musikzentrale Nürnberg mit Verve eben genau hier.

Die diversen Verquickungen in der städtischen Musik- und Kulturlandschaft zu ergründen, würde an dieser Stelle gewiss zu weit führen, und es sei also verziehen, wenn hierauf verzichtet wird. Die *MUZ* wurschtelt überall da mit, wo es gilt, sich um die Belange von Musikanten zu kümmern, und versteht sich als Netzwerk und Anlaufstelle für Musiker und Musikinteressierte mit einem breiten Serviceangebot, das nicht nur Vereinsmitgliedern zur Verfügung steht.

Dazu gehören beispielsweise der Verleih von PA-Anlage und Backline, die Vermittlung von Proberäumen, Musikern oder ganzen Bands sowie ein hauseigenes Tonstudio. Genau: hauseigen. Eben jenes Haus befindet sich seit 2007 als Veranstaltungsort namens *MUZclub* in Gostenhof, der dann halt gewissermaßen an eingangs erwähnter Außenwirkungsproblematik »schuld« ist, findet hier doch das öffentliche Hauptgeschehen statt. In Form von Konzerten, bei denen auf ein abwechslungsreiches und szeneübergreifendes Programm Wert gelegt wird, das sich aus Vertretern der Region sowie nationaler und internationaler Künstler zusammensetzt und musikalisch kaum Einschränkungen erfährt. Auf circa 140 Quadratmetern Saalfläche reihen sich diverse Veranstaltungsformate aneinander, deren Details am besten jeweils dem Internet zu entnehmen sind – was auch für den Rest des Großangebots gilt.

Außerdem zeichnet die *MUZ* beim → *Bardentreffen* (s. S. 18) verantwortlich für das Line-Up der gleichnamigen Bühne auf dem Lorenzer Platz, der dann naturgemäß nicht nur deswegen zum Treffpunkt einschlägiger Bekannter der hiesigen Musikszene wird. Und so schließen sich dann die Kreise wieder.

31. Mobiliar mit Charakter und Patina

Zum schwedischen Feinmöbelhändler gehen und sich eindecken. Kann man machen, klar. Ist dann schön neu und sauber, im besten Fall fehlerfrei zusammengebaut, und wer gucken will, wie sich das einschlägige Möbel vor anderer Raufasertapete oder in anderem Licht so macht, kann sich in ungefähr jeder x-beliebigen Wohnung Inspiration holen. Oder direkt in die Kernstraße fahren.

Beim hier ansässigen *flex!* nämlich steht Einrichtung mit Charakter und Patina bereit. Nierentische oder Cocktailsessel, alte Wandkarten oder String-Regale, Bogenlampen oder Kinositze – die Mischung aus raren Mid-Century-Schätzen, charmanten Vintage-Möbeln für den kleinen Geldbeutel und ruinösen Designerstücken macht's. Dazu kommen Kleidung, Taschen, Sonnenbrillen und vieles mehr, der Fokus liegt aber klar auf Raritäten

flex! Vintage Second Hand Design
Kernstraße 7
90429 Nürnberg

Tel. 01 79/1 43 68 12
www.flex-nbg.de
Mi–Fr 15.00–20.00
Sa 12.00–17.00
Möbellager:
Hochstraße 32
jeden 1. Sa im Monat
12.00–16.00
Gostenhof: U1

aus den 30er- bis 80er-Jahren und Design von Bauhaus bis Space Age Skandinavien.

Weil der Fundus weit mehr umfasst, als in den kleinen Laden reinpasst, öffnen sich jeden ersten Samstag im Monat von 12 bis 16 Uhr die Tore zum Möbellager in der Hochstraße 32 – schnell sein lohnt sich! Umgekehrt geht's übrigens auch: Wer grad gar nicht weiß, wohin mit seinem (interessanten!) Nachlass, darf sich vertrauensvoll an den Chef wenden – der berät gerne oder kauft kurzerhand auch gleich was auf.

32. Eldorado für Zocker

RUSH e-Sports Center
Georg-Hager-Str. 7
90439 Nürnberg

Tel. 09 11/80 19 37 84
www.rush.gg
Mi–Do 14.00–0.00
Fr–Sa 14.00–3.00
So 14.00–0.00
Preise ab 4 Euro
Rothenburger Straße:
U2, U3
Georg-Hager-Straße:
Bus 113

»Sport am Computer?«, höhnt der Laie und referiert über »Couchpotatoes« und »Sofacoaches«. Und enttarnt sich im selben Atemzug als ungehörig weltfremd. Dem Unbelehrbaren sei kurz gesagt, dass es sich beim sogenannten »e-Sport« nicht nur um eine Branche astronomischen Ausmaßes handelt, mit der alljährlich Milliardenumsätze gefahren werden, sondern auch um eine Tätigkeit, bei der die Spieler nicht nur über ausgezeichnete motorische, sondern vor allem auch geistige Fähigkeiten verfügen müssen. Das wissen viele »Daddler«, und wer jetzt gleich »Nerd!« zu schreien versucht ist, der kann ja mal kurz in den Freundeskreis hineinhorchen, wie da so die Anhängerschaft in puncto »LAN-Party« vertreten ist.

Nichts anderes nämlich findet, freilich arg verkürzt gesagt, in Deutschlands erstem e-Sport Center statt. Da die Ausstattung »State of the Art« ist, treffen sich hier zum einen echte Liga-Spieler, um ihre Fähigkeiten zu trainieren, oder Studenten, die eingedenk gestrenger Lernpläne auf dem heimischen Rechner alles ausgemerzt haben, sich dennoch von Zeit zu Zeit ein bisschen ablenken wollen, oder halt ansonsten einfach jeder, der Bock auf knuddelige Autos und Pilzwurf beim Super Mario Kart an der PS4 hat. Oder welches Spiel auch immer aus der stetig wachsenden Auswahl.

An riesengroßen Bildschirmen lassen sich außerdem nicht nur international laufende Spiele beobachten, sondern vor allem auch die, die bei den regelmäßig im Zocker-Eldorado abgehaltenen Turnieren zu verfolgen sind. Wer da mal einen Blick riskiert, wird schnell feststellen, dass das Treiben im *Rush* mit den gängigen Vorbehalten des sozial retardierten Ego-Shooters ungefähr gar nichts zu tun hat.

33. Veni, vidi, vici

Völkerball! Was waren das für Zeiten! Abwerfen, Allianzen bilden, ausweichen, Geschick schlägt Kraft. Großartig! Kommt man nur leider heutzutage nicht mehr so oft dazu, es sei denn, man befindet sich in der glücklichen Lage, noch zur Schule und dem darin enthaltenen Sportunterricht gehen zu dürfen und einen Lehrer zu haben, der ab und zu bundesjugendspielerisches Erbarmen kennt. Doch wie man halt so vor sich hin erwachsen wird, nehmen naturgemäß die Gelegenheiten ausgelassenen Tobens ab. Dabei könnte man einfach mal in die zwischen Gostenhof und Sündersbühl gelegene Georg-Hager-Straße fahren und dem dort gelegenen Erwachsenenvölkerballfeld einen Besuch abstatten. Das heißt *Lasertag Actionpark*, und damit ist das Programm auch schon so gut wie verraten.

Lasertag Actionpark
Georg-Hager-Straße 7
90439 Nürnberg

Tel. 09 11 /27 74 52 25
www.actionpark
-nuernberg.de
Di-Fr 14.00–22.00
Sa-So 10.00–22.00
Preise ab 9,90 Euro
Rothenburger Straße:
U2, U3

Hier gibt es beispielsweise einen »Saloon« oder einen »Dschungel«, und durch die wird sich dann im Team gejagt. Ein bisschen wie Räuber und Gendarm, so sich hieran noch jemand erinnert, nur mit Infrarotsignalgebern (Lasern). Das ist so gefährlich, als würde man mit der Fernbedienung des TV-Geräts auf den Kumpel ziehen, um ihn dadurch zum Schweigen zu bringen, nur ungleich effektiver.

Funktions- und Spielweise werden in einer kurzen Einweisung erklärt sowie die Taktik besprochen, und dann heißt es: Heranpirschen, hinterrücks überfallen, treffen und versenken und dann dem Gegner dabei zuschauen, wie er mit überzeugend dramatischer Geste zu Boden sinkt – einwandfrei! Militärkleidung ist hierfür nicht nur nicht vonnöten, sondern explizit nicht erwünscht. Es geht um Spaß und Team und Taktik, der Preis inkludiert die Ausrüstung, die aber bei großer Halligallisehnsucht noch um vor Ort zu leihende Kostüme erweiterbar ist. Dann jagen sich durch die Halle Moorhühner, rosa Esel oder Affen, um sich gegenseitig zu genau einem solchen zu machen. Und ab dafür!

34. Probieren geht halt doch über Studieren

Kindermuseum Kachelbau/Theater Mummpitz
Michael-Ende-Straße 17
90439 Nürnberg

Tel. 09 11/60 00 40
www.kindermuseum
-nuernberg.de
www.theater
-mummpitz.de
Sa 14.00–17.30
So und Fei 10.00–17.30
Ferien (außer Pfingst-
und Sommerferien)
14.00–17.30
sowie für Gruppen nach
Anmeldung
Rothenburger Straße:
U2, U3

Dem Aufruf »Gebt den Kindern das Kommando!« Folge zu leisten, erweist sich im Alltag leider meist als leichter gesagt als getan. Es gibt aber Orte, an denen unser aller Nachwüchse genau das sein dürfen, was sie sein sollen: kleine Entdecker, die sich mit staunenden Augen und neugierigen Patschhänden ihre Welt erschließen können. Und im *Kindermuseum Kachelbau* ist Mitmachen und Anfassen nicht nur erlaubt, sondern ausdrücklich erwünscht!

Auf Pädagogisch klingt das so: »Im Zentrum steht das Selbst-Aktiv-Werden: Kinder erfahren die Welt durch praktisches Ausprobieren. Sie setzen ihren Körper und alle Sinne ein – erwerben damit nicht nur Fähigkeiten, sondern auch soziale Kompetenz. Denn Kinder sprechen sich ab, arbeiten zusammen, helfen sich gegenseitig und lernen voneinander.«

Neben zwei Dauerausstellungen – eine lädt unter dem Titel »Alltag der Urgroßeltern« in das Leben von vor 100 Jahren ein, die andere will als »Schatzkammer Erde« durch Forschen, Experimentieren und Ausprobieren Wissen zu Natur und Technik vermitteln – gibt es immer wieder wechselnde Sonderausstellungen. Einmal im Regenwald übernachten und einem Chamäleon beim Spaziergang auf dem eigenen Arm zuschauen ist dann ebenso drin wie maximal anschaulich erklärt zu bekommen, wie das eigentlich so funktioniert mit diesem Ei und diesem Küken: Mit Brutkästen, Schlüpfstationen und viel, viel kindergerechter Erklärung ist »1, 2, 3 … Küken aus dem Ei« um die Osterzeit ein putziges Ziel, bei dem garantiert nicht nur die Kinder in Verzückung geraten, wenn sie mit ergreifender Behutsamkeit eins der frischen Puschel in der Hand halten dürfen.

Aktuelle Infos über die jeweiligen Ausstellungen

finden sich ebenso wie die erfrischend gestalteten Öffnungszeiten auf der Webseite. Diese erforschend purzelt man womöglich noch auf eine weitere den Kindern gewidmete Einrichtung: Das ebenfalls im *Kachelbau* beheimatete *Theater Mummpitz* ist mit der Gründung 1980 eines der dienstältesten freien Kindertheater Deutschlands – damit dürfte es vielen heutigen Eltern einst die erste Theatererfahrung beschert haben und mit einem erneuten Besuch eine hübsche Portion Nostalgie schenken.

35. Perle des Kohlenhofs

Mit manchen Gastronomien verhält es sich wie mit Austern: Die hängen recht unmotiviert in der Gegend herum und sehen von außen schäbig aus. Wenn man sich aber drauf einlässt und die Muschel knackt, findet man im Inneren – tja, eine Perle. So in der Art verhält es sich mit *ess.brand.*

ess.brand
Gartenstraße 17
90443 Nürnberg

Tel. 09 11/4 90 54 33
www.catering
-nuernberg.net
Mi–Fr 12.00–14.00 und
18.00–22.00
Plärrer: U1, U2, U3

In, so muss man sagen, eher unprätentiöser Umgebung zwischen Plärrer und Kohlenhof befindet sich ein Türlein, hinter dem sich ein kulinarisches Wohlfühlparadies verbirgt. Die Aufteilung der ehemaligen Industriehalle wurde kurzerhand so beibehalten – es gibt also nur einen großen, hellen Raum. Der kommt mit langen, schlichten Tafeln ohne sonderliche Schnörkel aus, befindet sich doch direkt hier das Herz, aus dem die wahren Schmuckstücke kommen: eine nach allen Seiten offene Küche, direkt vor den Gast gepflanzt. In der wird etwas gezaubert, das zwar als »französische Küche« bezeichnet wird, was aber auch nur der Fall ist, »weil die ja per se schon so viele verschiedene Einflüsse hat«. Inspirationen für die wöchentlich wechselnden, maximal zehn Gerichte, die es an drei Tagen die Woche zum Mittags- und Abendtisch gibt, holt man sich von den Straßen der Welt statt in elitären Sterneküchen.

Tipp: Nebenan wohnt mit dem African Center eine multikulturelle Location im Herzen der Stadt – einschließlich afrikanischer Speisen und Musik. www.african-center.de

Solcherart beseelt, mag der ein oder andere Glücksgespeiste vielleicht ein unstillbares Verlangen verspüren, selbst den Kochlöffel zu schwingen. Was insofern kein Problem ist, als dass *ess.brand*

in regelmäßigen Kochkursen anbietet, Küche und Wissensschatz zur Verfügung zu stellen und mit vereinten Kräften und viel (übersetztem) Kochlatein im Rahmen eines Kochevents selbst zur Tat zu schreiten.

So nachhaltig wie die hierbei getätigten Erfahrungen ist auch der gesamte Umgang des Restaurants mit Lebensmitteln: Bringt ein befreundeter Bauer Marillen, werden die flugs zu Marmelade eingekocht, vermeldet ein anderer, die altfränkische Kartoffelsorte »Bamberger Hörnla« wäre jetzt so weit, buddelt im Zweifel der Chef selbst sie aus, und bleibt abends was vom selbst gebackenen Brot übrig, wird das den Gästen mitgegeben. Weil Lebensmittel nicht zum Wegschmeißen da sind. Telefone jedoch unbedingt zum Reservieren!

36. Kommunikation ganz praktisch

Museum für Kommunikation
Lessingstraße 6
90443 Nürnberg

Tel. 09 11/23 08 80
www.mfk-nuernberg.de
Di–Fr 9.00–17.00
Sa–So und Fei 10.00–18.00
Eintritt ab 2,50 Euro
Opernhaus: U2, U3

»Man kann nie nicht kommunizieren«, heißt es in einer der fünf Grundregeln des berühmten Kommunikationswissenschaftlers Paul Watzlawick. Doch anstatt sich in allzu erschöpfend-theoretisch-spezifischen Untersuchungen zu ergehen, sollte jeder, der sich für die facettenreiche Frage »Kommunikation – was ist das eigentlich gleich wieder genau?« interessiert, ins eigens dafür eingerichtete Museum schlüpfen. Hier finden sich Antworten auf freilich nicht alle, aber viele besagter Facetten in Form verschiedenster Dauer- und Sonderausstellungen, die teils alles andere als theoretisch aufbereitet sind.

Es gibt Räume für Töne, Bilder und Schrift sowie einen für denjenigen kommunikativen Weg, der in den letzten und künftigen Jahren immer wichtiger wurde und wird: das Internet. Dabei zeigt eine rekonstruierte Pharaonengrabkammer, wie die Menschen schon vor 4000 Jahren multimedial kommunizierten, Soundpanoramen laden zum Entdecken von Tonwelten ein, eine echte Green-Box macht Besucher zu (unechten) Nachrichtensprechern. Man kann der Rohrpost beim Sausen zuschauen, sich selbst als Tintenschönschreiber auf Omas Pfaden versuchen oder lernen, welch knifflige Wege beispielsweise Spione nutzten und noch nutzen, um verschlüsselte Botschaften zu transportieren. Die Sprache der Tiere zu erforschen wird ebenso angeboten wie die beachtliche Entwicklung des Telefons in den letzten 150 Jahren. Außerdem die unterschiedlichsten Workshops sowie stetig wechselnde Sonderausstellungen, die immer wieder spannende neue Aspekte der Kommunikation behandeln.

Wem das alles an Information nicht reicht, der kann sich kurzerhand den Umstand zunutze machen, dass das *Museum für Kommunikation* sozusagen ein Museum im Museum ist und es somit nicht mal ein Katzensprung ist hinein ins Verkehrsmuseum. Wenn man dann da wieder rauskommt, dürften die meisten Fragen beantwortet sein – erschöpfend.

37. Alte Mauern neu designt

Lang, lang drückte man sich an den Schaufenstern der Rothenburger Straße 35 vergebens die Nase platt. Wo »Eisdiele« draufstand, war mitnichten automatisch auch eine drin, sondern enthielt allerlei zweckentfremdenden Unrat bis hin zum Lager für FCN-Fanartikel. Zuletzt dann nur noch trauriger Leerstand in Nürnbergs erster Eisdiele, wo Generationen aufgeregt-feuchter Kinderhände einst die Taschengeldpfennige gewissenhaft investierten. Seit 2014 können sie das wieder – die *Eisdiele* ist zurück, hat sich aber um einen Vornamen erweitert und damit auch den Aktionsradius vergrößert.

Was außen ungefähr noch – oder besser gesagt: wieder, schließlich musste das Objekt bis auf die Grundfesten erneuert werden – so aussieht wie seinerzeit, ist innen drin jetzt eine topmoderne Angelegenheit. Ja, es gibt Eis, natürlich, und zwar keinesfalls eins vom Discounter. Darüber hinaus aber auf über zwei lichte Ebenen verteilte 110 Quadratmeter Style, Design, Kunst und Ausstellungen regionaler wie internationaler Kreativer

Galerie Eisdiele
Rothenburger Straße 35
90443 Nürnberg

Tel. 09 11/28 74 89 43
Do 11.00–0.00
Fr–Sa 11.00–2.00
So 11.00–19.00
Plärrer: U1, U2, U3

Tipp: Direkt gegenüber
ist das alte Volksbad.
Rein kann man nicht,

dafür aber davor stehen und sich wundern, warum das wohl der Fall ist. Und dann kopfschüttelnd um die Kurve gehen und vor dem Nicolaus-Copernikus-Planetarium stehen. Und sich freuen, dass man da rein kann.

www.naa.net

zeitgenössischer Stilrichtungen mit Tendenz zur Streetart- und Graffiti-Szene.

Vieles, wenn nicht gar alles, was sich in der *Eisdiele* befindet, kann man auch kaufen. Dazu gehören neben dem Eis auch diverse Getränke, Snacks und Mahlzeiten, aber eben auch die überdimensionierte Spraydosen-Kapsel, die eigentlich ein Hocker ist und »Fat Cap Chair« heißt, oder die riesige Waffel, auf der es sich nicht minder vorzüglich fläzt wie in den Schaufenstern – sei's, um sich dort vom Daddeln am Spielautomaten zu erholen oder in einem der zahlreichen Kunst- und Designbücher zu schmökern.

Berührungsängste, Hemmschwellen, Furcht vor anwesendem Dünkel sind völlig fehl am Platz. Die *Galerie Eisdiele* ist Begegnungsstätte, Verweilort, Treffpunkt, und noch dazu mit einem bebaumten Hinterhof gesegnet. Dort ruhend sieht man aber leider die kunterbunt zusammengewürfelten Leuchtbuchstaben nicht mehr, die eine ganze Wand beherrschen. Wer ein Faible für Upcycling dieser Art hat, für den lohnt sich allein darum ein *Eisdielen*-Besuch. Alles Weitere stellt sich dann vor Ort ein und vor.

38. Meisterröster

Für viele Menschen hat Kaffee quasi-religiösen Status, was angeblich irgendwas mit »morgens« und »Existenzfähigkeit« zu tun hat. So substanziell muss es aber wirklich nicht werden, um der Kaffeerösterei in Gostenhof einen Besuch abzustatten. Es reicht, sich eines gewissen geschmacklichen und qualitativen Anspruchs rühmen zu können, der über das Angebot gängiger Pappbecherautomaten weit hinausgeht.

Einmal in der Rösterei drin, empfängt einen direkt das wohlige Aroma der braunen Bohne – Kinderspiel, wird hier doch vor Ort geröstet, was das Zeug hält. *Machhörndl* legt das Hauptaugenmerk auf die Qualität des Rohkaffees, den Fokus auf charakterstarke und einzigartige Geschmackseigenschaften, wobei das Sortiment stetig wechselt,

Machhörndl Rösterei
Obere Kieselbergstraße 13
90429 Nürnberg

Tel. 09 11/2 74 06 64
www.machhörndl

weil es sich bei den meisten hier gekauften Kaffees um sogenannte »Micro Lots« handelt (worunter man, SEHR kurz gesagt, etwas ganz Besonderes verstehen darf).

Schaut man sich die Referenzenliste an, so strotzt die nur so vor Meistertiteln, geholt bei Wettbewerben, bei denen die *Machhörndl*-Macher mittlerweile teils selbst als Juroren tätig sind. So wundert es nicht, dass neben Rösten, Brühen und Bedienen auch noch Kaffeeverkostungen angeboten werden oder Baristakurse, bei denen der Meister die Eleven in der hohen Kunst »Portraitmalen mit Milchschaum« unterweist.

Im Herbst 2014 expandierte das Café ins Zentrum und schenkt dort in der Brunnengasse in einem nicht minder charmanten Ambiente als dem des Mutterschiffes die Tassen voller braunes Gold.

-kaffee.de
Di–Do 9.30–18.30
Fr–Sa 9.30–16.00
Plärrer: U1, U2, U3

Café im Crämer & Co.
Brunnengasse 7–9
90402 Nürnberg
Mo–Sa 10.00–19.00
Lorenzkirche: U1

Tipp: Kaffee to go erfragen und sich damit hurtig in den nahege-legenen Rosenaupark sputen!

39. Markt für Schön- und Freigeister

Im allgemeinen Sprachgebrauch versteht man heutzutage unter einem »Kiosk« eine kleine Verkaufsstelle in Form eines Häuschens oder einer Bude. Das vergisst man jetzt besser schleunigst mal! Denn alles, was die im folgenden Genannten sicher nicht sind, ist: klein. Das zeigt sich schon allein daran, dass ein Besuch, ob bei der überdachten oder der Freiluftvariante, gut und gerne mal einen ganzen der jeweils zwei Tage in Anspruch nehmen kann.

Das liegt zum einen am ganzen Drumherum, bei dem man sich zu gern verlocken lässt zum Seele-baumeln-lassen, sei's auf einer Sommerdecke oder an einem Winterfeuer. Zum anderen aber natürlich an den jeweiligen Protagonisten derjeniger Märkte, die sich um individuelle Produkte und nachhaltige Ideen drehen. Während die Dezember-Ausgabe *Winterkiosk* das traditionell im Künstlerhaus tut, bevölkert der *Sommerkiosk* im Juni den herrlichen Rosenaupark. Die Stichworte lauten »regional, handmade, bio, recycled, fair, langlebig«, und praktischerweise können Stöberer

Sommerkiosk
Rosenaupark
Bleichstraße 2
90429 Nürnberg
www.sommerkiosk.de
Ein Sa und So im Juni
12.00–20.00
Plärrer: U1, U2, U3

Winterkiosk
Künstlerhaus
Königstraße 93
90402 Nürnberg
www.winterkiosk.de
Ein Sa und So Mitte Dez
12.00–20.00
Hauptbahnhof:
alle Linien

dank eindeutiger Label auf den ersten Blick erkennen, welches der Kriterien das Objekt der Begierde erfüllt. Und deren gibt es viele. Ob Schmuck oder Deko-Artikel, Mode oder allerlei Küchen-Erzeugnisse – im Mittelpunkt stehen viel Spaß, kreative Ideen, soziale Projekte, gute Musik, faire und umweltschonende Produktionsprozesse, Design mit Hand und Herz.

Es liegt auf der Hand, dass sich beim *Winterkiosk* gerne all diejenigen tummeln, die nicht wieder einen x-beliebigen Gutschein oder Ähnliches unter den Weihnachtsbaum legen, sondern sich von dem entzückenden Angebot der Kreativen inspirieren lassen wollen – nicht umsonst lautet das Motto hier »Denken beim Schenken!«. Im Sommer liegt die Motivation anderswo. Wo auch immer. Im Zweifel in der Sonne.

40. Realitätsverlust mit Ansage

Kostümverleih Richter
Solgerstraße 4
(Rückgebäude)
90429 Nürnberg

Tel. 09 11/26 01 15
www.kostuemverleih
-richter.de
Mo–Mi u. Fr 14.00–18.00
Do 14.00–19.00
Preise ab 33 Euro
Plärrer: U1, U2, U3

In die Solgerstraße begibt man sich am allerbesten mit einem Ziel, von dem abzurücken man nicht eine Nahtbreit gedenkt. Ansonsten drohen überquellende Augen, Spätinfantilismus und völliger Realitätsverlust. Kurz: *Kostümverleih Richter.* Hier dürfte es ungefähr nichts nicht geben. Auf 360 Quadratmetern stehen über 2000 Kostüme bereit. Zu jeder Epoche und jedem Anlass. Wirklich jedem.

Hierher kommt, wer Kleid und Frack plus stilsicheres Zubehör für den Opernball benötigt oder sich in den Kopf gesetzt hat, den schönsten Tag des Lebens im Rokokogewand zu begehen. Hier wird fündig, wer schon wieder zu einer dieser vermaledeiten Mottopartys geladen ist und nicht schon wieder den Stadtwurst-Trostpreis für den schlechtesten Einfall mit nach Hause bringen möchte. Hier wird ausgestattet, wer meint, als »Sancho & Pancho« zum Fasching gehen zu wollen, oder als »Gladiator & Kleopatra«, wer findet, zur Burlesque-Feier gehöre ein adäquates Mieder, oder wen es danach verlangt, einen Tag lang als Riesenkarotte durch die Fußgängerzone zu flanieren.

Die Kostüm-Damen assistieren bei der Auswahl geduldig bis eifrig, haben das Repertoire höchst übersichtlich nach Genre und Größen sortiert und bieten zudem diverse Eigenanfertigungs- und Anpassungsmaßnahmen an. Das Einzige, was Sie dann noch machen müssen, ist, auf der Einladung lieber noch mal nachzuschauen und sich des Anlasses zu vergewissern. Stichwort: Bridget Jones!

Tipp: Um die Ecke in der Hochstraße mit dem Graf Moltke einem der stadtbesten griechischen Restaurants einen Besuch abstatten. Tipp 2: Besuch erst NACH der Kostümprobe! Tipp 3: Der Fleischeslust entsagen und ebenfalls wenige Schritte weiter in die bezaubernde Tante Käthe gehen, deren »Wirtschaftswunder« sich aus veganen und vegetarischen Köstlichkeiten speist. www.tante-kaethes.de

41. Subkulturort in Technicolor

Dass das Wort »bunt« was mit Farben zu tun hat, dürfte hinlänglich bekannt sein. Dass sich unter dem Adjektiv aber auch noch Bedeutungen wie »gemischt« und »vielgestaltig« verstecken, vielleicht nicht so wirklich. Fakt ist: All diese Attribute vereint eine Einrichtung in sich, die es sich in St. Johannis auf dem Gelände der einstigen Desinfektionsanstalt der Stadt Nürnberg gemütlich gemacht und dem Areal in bester Pippilotta-Manier subkulturelles Leben eingeimpft hat.

DESI Stadtteilzentrum e. V.
Brückenstraße 23
90419 Nürnberg

Tel. 09 11/33 69 43
www.desi-nbg.de
Kneipe:
Mi–Do 19.00–1.00
Fr–Sa 21.00–5.00
So 18.00–22.00
Johannisfriedhof:
Straßenbahn 6 oder Bus 34

Dass hier mal der Fokus auf Sterilität lag, verrät einzig noch der Name des Stadtteilzentrums, das heutzutage gleichzeitig Verein, Theaterstätte, Jugendeinrichtung, Schauplatz politischer Diskussionen, Tanz-, Kino- und Konzertsaal ist – um nur einen winzigen Ausschnitt des Programms der *Desi* zu nennen. Hier finden Klamottentauschbörsen statt und Nachtflohmärkte und Poetry-Slams, hier nahm einst das → *Sommernachtfilmfestival* (s. S. 93) seinen Anfang, hier wird sich tatkräftig für Flüchtlingsbelange eingesetzt, hier

Tipp: »Oberhalb«, wie der Franke sagt, der Desi befindet sich der Johannisfriedhof, nicht umsonst auch »Rosenfriedhof« genannt, und auf diesem eine lange Liste verdingter Stadtikonen, angeführt von einem gewissen Albrecht Dürer ... www.st-johannisfriedhof-nuernberg.de

wird gleich ganze Wochenenden im eigens dafür dekorierten Außenbereich in der Sonne getanzt, hier wird das böse Wort »Mainstream« mit freundlichem Nachdruck in die Schranken verwiesen.

Die *Desi* ist seit der Gründung des Vereins in den 1970er-Jahren Freilichtbühne, Kneipe, Fahrradwerkstatt, Diskothek in einem, Treffpunkt für alles, was man unpräzise als »Subkultur« bezeichnen mag – was aber auch gern mal den Ausflug gleich der ganzen Familie mit einbezieht, wenn beispielsweise das hiesige Radio Z zum alljährlichen Sommerfest lädt. Sonntags gibt's *Tatort* in der mit Darts und Kicker ausstaffierten Kneipe, mittwochs Schnitzel und donnerstags »Volxküche«, die selbstverständlich auch jeden Bio- und veganen Trend respektiert. Genau so wie prinzipiell jeden, der vorbeischaut und selbst Teil des kunterbunten Treibens werden möchte – gern, natürlich, in Form einer Vereinsmitgliedschaft, die an und für sich nur beinhaltet, dass für einen jährlichen Obolus dazu beigetragen wird, dass diejenigen, die heute auf wackligen Beinen an der Elternhand zum Grillfest staksen, dereinst selbst ihren Nachwuchs hier gut aufgehoben wissen.

42. Very british, St. Johannis

Mathilde Tea Room
Kirchenweg 43
90419 Nürnberg

Tel. 09 11/95 34 64 90
www.mathilde-tea-room.de
Mi–So 10.00–18.00
Fr ab 18.00 »Gin-Abend«
Friedrich-Ebert-Platz: U3
Klinikum Nord: Bus 34

Tipp: Zu mächtig? Wenige Meter südlich geht's gewissermaßen ins andere

Würde »Her Majesty, the Queen« mal ein wenig öfter geruhen, der Weltstadt Nürnberg ihre Aufwartung zu machen, so wäre die royale Fröhlichkeit angesichts dieser Institution sicher »very amused«. Der High Tea hat nämlich ein mittelfränkisches Zuhause bekommen, das dem britischen Original in nichts nachsteht. Wen wundert's, ist doch die Chefin des *Mathilde Tea Rooms* unübersehbar anglophil und lernte ihr Handwerk unter anderem im Londoner Fünf-Sterne-Haus *Oriental Mandarin*.

Dass die britische Küche weit mehr zu bieten hat als braune Pampe und »irgendwas, Hauptsache frittiert«, dürfte sich mindestens seit Jamie Oliver auch hierzulande herumgesprochen haben. Bei *Mathilde* steht der Feldversuch bereit, in Form eines in bester britischer Understatement-Manier vornehm-zurückhaltend eingerichteten hellen Tagescafés in Pastellfarben. Serviert werden diverse, allesamt in der hauseigenen Backstube kreierte Kuchen und Torten, frisch zubereitete Sandwiches, Cream Tea mit Scones, Clotted Cream (die ungefähr das Gegenteil von »Halbfettstufe« darstellt) mit hausgemachter Erdbeermarmelade oder das typisch deftige englische Frühstück, standardgemäß mit selbst gebackenen Baked Beans, Ei und Toast, jedoch ungefähr beliebig erweiterbar mit gebratenen Pilzen, Hash Browns oder Black Pudding. Und als »All Day Long« auch für Langschläfer oder Mittagesser geeignet oder für diejenigen, die sich immer freitags ab 18 Uhr zur viel gerühmten Gin-Verkostung einfinden.

Hin und wieder wird ein »DJ in the Window« geparkt, der das Gesamtbild des herrlich stilvollen Cafés aber mitnichten stört. Ach so: Neben Longdrinks, Kaffeevarianten und dergleichem darf natürlich eins nicht unerwähnt bleiben – der Tee. Der heißt nicht »Kamille« und »Fünf Früchte«, sondern »Honeybush«, »LØv is pure« oder »Spicey Citrus«, und wird selbstverständlich auch vor und nach 17 Uhr gereicht. Sorry, Liz!

Extrem. »Süße Träume ohne Reue« lautet das kohlenhydratfreie Versprechen der Soulfood LowCarberia (www.soulfood-lowcarberia.de). Mit dem Vegöner wartet außerdem eine vegane Form des eingedeutschten Nationalgerichts auf alle, die sich am »Wieso soll was wie Fleisch schmecken, wenn doch gar keins drin ist?« nicht aufhängen (www.vegoener.de).

43. Tand verländeln

Hofflohmärkte
17 Nürnberger
Stadtviertel
z. B. St. Johannis oder
Gostenhof

Apr–Sep
www.kuf-kultur.de

Flohmärkte – oder, wie der Eingeborene zu sagen pflegt: Trempelmarkt, was nicht ganz grundlos eine phonetische Nähe zu Krempelmarkt aufweist – gibt es hier wie überall zuhauf. Ganz vornedran in der Berühmtheit ist der zweimal jährlich im Frühjahr und Herbst in der Innenstadt stattfindende. Wesentlich charmanter jedoch: die kleinen, über die Stadt verteilten Brüder. Die *Hinterhof-* oder *Hofflohmärkte* nämlich funktionieren so, dass willige Händler ihren Krempel (!) nicht mühsam in die City verfrachten müssen, sondern lediglich in Garagen, Vorgärten oder eben besagte Hinterhöfe. Die teilnehmenden Haushalte, die sich zuvor an entsprechender Stelle angemeldet haben, sind angehalten, ihre Adressen beispielsweise mittels Luftballons zu markieren.

Das sieht dann auf der einen Seite so aus: Man sitzt inmitten des (bestenfalls nicht mehr lange) eigenen Hab und Guts gemütlich tagsüber herum, plauscht mit zur Unterstützung verpflichteten Freunden und Familie bei Kaffee, Kuchen und sonstigen Häppchen und freut sich wie verrückt über jeden Überraschungsgast, der den Weg zum hübsch dekorierten Tapeziertisch gefunden hat. Auf der anderen Seite können potenzielle Käufer, Stöberer und Plünderer (wegen »Plunder«, nicht etwa wegen Raub!) ihre Jagd mit einem gemütlichen Streifzug durch das jeweilige der circa 17 Viertel verbinden und die einmalige Gelegenheit nutzen, hinter Türen und Tore zu linsen, die dem Ottonormalspaziergänger sonst wohlweislich verschlossen sind.

Traditionell am beliebtesten sind hierbei freilich die Deko-Viertel St. Johannis und Gostenhof. Aber grade bei dieser seit 2010 bestehenden Gelegenheit sollte man sich dringend dazu verleiten lassen, sich anderer Gegenden anzunehmen, die man sonst vielleicht nicht so auf dem Schönheitszettel hat. Die jeweils auf einem Wochenende liegenden Termine entnehme man bitte dem Internet – im Großen und Ganzen bewegen sie sich aber im Zeitraum Mai bis Juli.

44. Stufenweise Savoir Vivre

Dass hier mal eine nicht gerade irrsinnig appetitliche öffentliche Sanitäranlage war, daran können sich mit ein bisschen gutem Willen vielleicht noch die älteren Semester erinnern. Oder auch nicht – weil die Gedanken daran seitdem frohgemutes hinfortgespült wurden. Das *Cafe Schnepperschütz* gehört ebenfalls zu den wetterbedingten Saisonerscheinungen, die einem von Frühjahr bis Herbst das Leben schwer machen – nämlich hinsichtlich der Entscheidung, wo sich heute am besten niederzulassen sei.

Wer sich von der Innenstadt aus gesehen auf den Weg zum Hallertor macht – dort drin nämlich befindet sich sozusagen das Ziel – der quert immerhin den äußerst malerischen Kettensteg, seines Zeichens universumsälteste Hängebrücke der Welt (mindestens!), und erhascht womöglich einen schnellen Seitenblick in die pittoreske → *Weißgerbergasse* (s. S. 11), bevor es durch zwei Tunnelchen (einen davon ziert neuerdings ein Großgraffito zweier namhafter US-amerikanischer Künstler) geht, an deren Ende nicht nur Licht wartet, sondern vieles mehr: Menschen lagern auf Wiesen und Stühlen und stapeln sich auf einer großen Treppe, haben Zigarette, Hund und Wickeltasche im Anschlag und sind in der Tendenz eher hip, was nicht zuletzt den unweit gelegenen Vierteln Groß- bzw. Kleinweidenmühle und Johannis geschuldet ist.

Sorge vor wie auch immer gearteter Uncoolness ist hier fehl am Platz – es eint allein die Herzensnähe zum Fassbier im Steinkrug, die alljährlich Mitte November ihren letzten, sich vor dem Winterschlaf aufbäumenden Höhepunkt erfährt. Dann nämlich, wenn die Belegschaft des *Schneppis* zu »Bock im Park« und damit zum Starkbier-Fest lädt. Die Jünger folgen dem Ruf in Scharen, und während der Bock-Erfahrene Maß zu halten weiß, so lernt der Novize das gewiss fürs nächste Mal. Der für gewöhnlich riesige Ansturm wirkt dabei praktischerweise selbstregulierend, und so wird dann vor allem doch heiter um Feuertonnen herumgeratscht und gar ein kleiner Tanzschritt zur musikalischen Untermalung gewagt. Ach so: Die sanitäre Anlage gibt's natürlich immer noch.

Café Bar
Schnepperschütz
Am Hallertor 3
90403 Nürnberg

ca. Apr–Nov Mo–Fr ab 7.30, Sa–So ab 10.30
Lorenzkirche: U1
Hallertor: Straßenbahn 4, 6, Bus 36

Tipp: Kettensteg betreten, ausprobieren, ob er wirklich nicht mehr zum Schwingen zu bringen ist, romantische Fotos machen und dann auf der anderen Seite beim Kreuzgassenviertel das Kaspar-Hauser-Denkmal suchen!

45. Keine Angst vor Kompositionen

Würzhaus
Kirchenweg 3a
90419 Nürnberg

Tel. 09 11/9 37 34 55
www.wuerzhaus.info
Di–Fr 11.30–14.00
Mo–Sa ab 18.00
Friedrich-Ebert-Platz:
U3

Tipp: Das Eis danach
vom Eis im Glück am
Friedrich-Ebert-Platz
holen, ein bisschen
Wiener Schmäh und
Puppenstubengemütlich-
keit im Kaffeehausladen
(www.kaffeehausladen.
de)

Es gibt zwei Möglichkeiten, wie folgende Gerichte in hungrigen Ohren klingen können: »Kürbis-Cannelloni mit kandierter Olive«, »Gebackener Schweinsfuß mit Pomelo und Dill«, »Lamm mit Kakao und Blumenkohl«, »Kalmar mit Salami und Paprika« machen entweder stutzig – oder gierig. Beiden Vertretern sei ein Besuch im *Würzhaus* nachdrücklich ans Herz gelegt. Den einen, weil ihnen dringend angeraten sei, ihren kulinarischen Horizont hurtig zu erweitern. Den anderen, weil sie eh nicht missioniert werden müssen.

Das Restaurant unweit des Friedrich-Ebert-Platzes verlassen werden beide Parteien glücklich. Falls man sich lieber auf offizielle Aussagen stützen möchte, so sei verraten, dass auch Institutionen wie »Guide Michelin« und »Gault Millau« zu schätzen wissen, was die Kreativküche zustande bringt. Das hat freilich seinen Preis, aber wer mittags oder abends Irgendwasaufdiehandhauptsacheunterdreieuro speisen möchte, dem sind, mit Verlaub, qualitativ hochwertige Zutaten und spannende Geschmackserfahrungen keine Herzensangelegenheit. Dem *Würzhaus* schon.

Die Gerichte der wöchentlich wechselnden Karte werden in einer Art intuitivem Brainstorming komponiert, als vergleichsweise (!) einfache Varianten zu Mittag, als anspruchsvolle am Abend gereicht – inklusive Vorschlag zu korrespondierenden Weinen – und exklusive schlichtweg allem, was der Allergikerseele das Gemüt trüben könnte: Was auch immer der Gästekörper verwehrt, wird hier sorgfältig vermieden (man muss es freilich vorher sagen – das *Würzhaus* kann viel, aber nicht Gedanken lesen!). Die Menüs folgen einem Baukastenprinzip von Vorspeise über Hauptgericht bis Dessert und bewegen sich im Segment »drei Gänge für 17 Euro« (mittags) beziehungsweise »vier Gänge mit korrespondierenden Weinen für 76 Euro, ohne für 52 Euro«.

Dass das alles weniger mit Magie als vielmehr mit Können und gelebter Leidenschaft zu tun hat, zeigt die Chefin selbst seit 2009 im Bayerischen Fernsehen, wo sie mit Tipps und Tricks zum Nachkochen stimuliert. Aber dass es »woanders als zu Hause« immer besser schmeckt, wissen wir ja schon seit Kindertagen …

46. Schäufele im Funky Bun

Begibt man sich auf Spurensuche nach demjenigen Brandherd, von dem aus der Siegeszug des Burgers sein Netz über die Stadt gespannt hat, so landet man unweigerlich in der Nordstadt. Ungeachtet der sprießenden Konkurrenz erfreut sich die *Superbude* in der Löbleinstraße größter Beliebtheit. Was quasi schon zur einzigen Problematik hier führt, gilt es doch, sich dringendst telefonisch eines Futterplatzes zu versichern. Die Burgerbraterei ist nämlich ziemlich klein und meistens ziemlich voll. Was aber ja nur als Gütesiegel gewertet werden darf.

Die Superbude
Löbleinstraße 50
90409 Nürnberg

Tel. 01 51/51 40 75 12
www.funkybuns.de
Do–Fr 17.00–23.00
Sa 11.00–23.00
Maxfeld: U3

Tipp: Nachtisch gibt's nebenan im → Café Wohlleben (s. S. 60)!

Abgesehen von der Überschaubarkeit des Raums, der bezaubernd eigensinnig als bunte, intuitiv gewachsene Mischung gestaltet ist, stimmt hier so ziemlich alles. Frei nach dem Motto »Spinat schmeckt am besten, wenn man ihn kurz vor dem Verzehr durch einen funky Burger ersetzt«, präsentiert sich das Essensangebot auch genau so: Bis auf ein vegetarisches Zugeständnis gibt es Fleisch satt, und zwar neben den gängigen Ham- und Cheeseburgern auch als Punk Rustikale (mit Speck und Cheddar), Sweet Barbara (mit rotem Zwiebelconfit) oder Funky Schäufele, für den manch einer seine eigene Oma verkaufen würde … Statt der üblichen Pommes sind hier als Beilage die Aromakartoffeln im Kartoffelsack zu empfehlen, die sich als fein gewürzte Minikartöffelchen herausstellen.

Hat zusammengenommen mit »Fastfood« nicht viel zu tun, dafür aber mit viel Engagement, Augenmerk auf frischen, regionalen Zutaten, eigens beim Bäcker georderten Brötchen – und wie das alles genau funktioniert, kann der geneigte Gast auch direkt selbst inspizieren, schließlich wird die Brutzlerei hier mitnichten hinter verschlossenen

Türen vollzogen. Unter Umständen mag man es also als doppelten Segen betrachten, wenn im Sommer die Sitzplätze um die auf dem Gehsteig verteilten erhöht werden.

47. Kalorien? Kann man das essen?

Café Wohlleben
Löbleinstraße 60
90409 Nürnberg

Tel. 09 11/3 77 46 20
Mo–Fr 8.00–19.00
Sa 9.00–19.00
So und Fei 10.00–19.00
Maxfeld: U3

Wer zur Fraktion » … und abends nur Wasser und einen kleinen Salat aberbitteohneDressing« gehört, der möge doch bitte direkt weiterblättern – in seinem eigenen Interesse, wäre es doch ungleich unverantwortlich, ihn von seinen Prinzipien abzubringen. Genau das dürfte nämlich passieren, bekommt man nur einen Hauch von Ahnung vom *Wohlleben*, das den Untertitel »Manufaktur des guten Genusses« trägt – und weil Genuss eh schon gut ist, muss das automatisch irgendeinen Superlativ zur Folge haben. Richtig? Richtig!

Müßig, irgendwas beschreiben zu wollen. Die erste Assoziation beim Betreten des Minicafés in der Nordstadt lautet »Ohwieschön!«, was bedingt ist durch die arg heimelige Einrichtung, und tut man einen weiteren Schritt, steht man schon vor derjenigen Vitrine, die mit »schön« allzu unzureichend benannt ist. Hierin befinden sich nämlich die Torten- und Kuchenkreationen, deren Anblick allein eine ästhetische Wohltat ist – vom Geschmackserlebnis gar nicht erst zu sprechen. Man. Muss. Sich. Durch. Probieren!

Ja, es gibt auch Salate und Frühstücksdinge und Brotzeitdosen und vorzüglichen Kaffee, ja, das ist auch alles von vorzüglicher Qualität, aber es ist dieser »Ui«-Effekt, wenn man von der an architektonischer Schönheit nicht grade unübertroffenen Löbleinstraße ins Café hineinkommt – gesetzt den Fall, man hat noch Platz, kann es doch durchaus passieren, dass mehr Kuchenfreunde der Idee eines Besuches anheimgefallen sind. Bei schönem Wetter kein Problem – wenngleich natürlich bei schönem Wetter ungefähr nichts ein Problem ist – schart man sich doch entweder in und um die kleine

Außenfläche oder lässt sich die Wunsch-Schnitte transportsicher verpacken, um sich damit dann einen lauschigen Platz im → *Stadtpark* (s. S. 61) zu suchen. Bei schlechtem Wetter gelten die Devisen »Geduld«, »Bereitschaft zum Menschen-Tetris«, und im Zweifel immer: »vorher anrufen«!

48. Sängerkult am Ententeich

»Der Stadtpark Nürnberg ist eine etwa 19 Hektar große Grünanlage.« So zu lesen in einschlägigen Nachschlagewerken. Da kriegt man doch gleich Lust auf einen Besuch. Mal schauen, ob man diesen an Euphorie kaum zu übertreffenden Satz nicht etwas dekorieren kann. 19 Hektar, das entspricht der Fläche von über 25 Fußballfeldern, und jetzt kann man sich vielleicht schon ein bisschen mehr vorstellen. Diese 25 Fußballfelder sind aber im Gegensatz zum Vergleichswert mitnichten gleichförmig und eben, sondern eine verschlungene, hügelige Anlage, die zu so ziemlich jeder Jahreszeit einen Besuch lohnt.

Stadtpark
Bayreuther Straße
90409 Nürnberg
www.tourismus.
nuernberg.de

PARKS
Berliner Platz 9
90409 Nürnberg
Tel. 09 11/80 19 14 49
www.parks-nuernberg.de
tägl. 10.00–19.00
Rennweg: U2

Was einst »Judenbühl« hieß, Schauplatz des Volksfestes oder des legendären »1. Deutschen Sängerfestes« war (an das heute noch zwei mächtige Marmorvasen erinnern), wartet auch heute noch mit verschiedenen Festivitäten auf und stellt sich dem Besucher als eine Art englischer Garten dar, der mit unzähligen Ecken und Winkeln Platz bietet für so ziemlich alles.

Seine ganz besondere Schönheit entfaltet der *Stadtpark*, ja, natürlich, im Frühling, ist er doch, neben dem zentral gelegenen Teich, herrlich begrünt und bepflanzt mit allerlei Blühendem, was das Wort »Augenweide« ganz wörtlich werden lässt. Es gibt einen großen Spielplatz, dem die »Straße der Kinderrechte« zur Seite steht, es gibt verschachtelte Nischen und Ecken, es gibt diese sperrig-praktischen mobilen Bänke, die Parkbesucher gern von A nach B zurren, je nach Sonnen- oder Schattenwunsch, es gibt Platz für Ball und Boule und Drachensteigen.

Tipp: Im Jahreskalender Ausschau halten nach immer wiederkehrenden Supersonderspezialveranstaltungen im Stadtpark!

Während das *Parks* eine eher gehobene Gastronomie bietet, stellt der jenseits des Teichs gelegene Kiosk ziemlich genau das dar, was man sich gemeinhin darunter vorstellt. Von ihm aus kann man beinahe die historische Hauptattraktion sehen: Das bewegte Schicksal, das der »Neptunbrunnen« schon hinter sich hat, merkt man ihm eigentlich nicht an, was insofern ein Kinderspiel ist, als es sich bei ihm lediglich um einen Abguss desjenigen Originals handelt, das Ende des 18. Jahrhunderts nach Russland verkauft wurde. Der hier zu sehende steht dem Vorfahren hinsichtlich handwerklicher Kunstfertigkeit allerdings in nichts nach und gilt als größte barocke Brunnenanlage nördlich der Alpen. Dessen gänzlich ungeachtet spazieren darin aber nicht nur die Entenpärchen umher, sondern finden sich gern auch mal baumelnde Füße im Nass, denen eine Abkühlung im Sommer bestens gelegen kommt.

49. Zeitgemäße Glaubensfragen

LUX – Junge Kirche Nürnberg
Leipziger Straße 25
90491 Nürnberg

Tel. 09 11/5 69 05 61
www.lux-jungekirche.de
Nordostbahnhof: U2

Es mag sein, dass »Kirche« für viele zumal junge Menschen irgendwie out, uncool und völlig überflüssig erscheint. Das mag aber vielleicht auch zuweilen daran liegen, dass sie noch nie was von *LUX*, der »Jungen Kirche Nürnberg« gehört haben. Die geht an diese ganze Glaubenssache nämlich ein bisschen anders heran, als man das gemeinhin aus dem spröde durchlittenen Reliunterricht und der weihnachtlichen Liturgie kennt.

»Stell dir vor, du gehst seit Langem mal wieder in eine Kirche. Doch irgendwas ist anders als sonst« – Tresen statt alter Kirchenbänke, stylische Café-Lounge, Getöse von der Musicaltruppe, im Gottesdienst mehr Jugendliche als Erwachsene, und dann wird da auch noch gesungen, getanzt und per SMS gebetet. Verrückt? Nö. Völlig real, und zu finden seit 2009 am Leipziger Platz. Hier sind nicht nur die Gottesdienste gern mal gemütlich, verträumt oder lecker, sondern es findet auch Kultur verschiedenster Art statt – und jeder zwischen 15 und 27 Jahren ist herzlich eingeladen, sich einzubringen. In der *LUX – Junge Kirche Nürnberg* (die zur evangelischen Kirche Nürnberg gehört) »sagt dir niemand, was du zu glauben hast«, so heißt es, aber »wir laden dich ein, mit vielen anderen auf eine Entdeckungsreise des Glaubens zu gehen«.

Ob skeptisch oder gläubig – im Zweifel lohnt eine Stippvisite schon allein aufgrund der im Sixty-Style gehaltenen Café-Box oder des mit bester Medien- und Lichttechnik ausgestatteten Kirchenraums, in dem schon mal Flohmärkte und Konzerte steigen und der wegen seiner puristischen Ästhetik an sich nichts gemein hat mit engelsschwangeren Goldaltären.

50. Sinnvoller Spaß

Dass wir alle mit haufenweise Sinne ausgestattet sind, das wissen wir wohl schon, so theoretisch. Was genau die aber bedeuten und können, wie großartig und feinziseliert das Zusammenspiel funktioniert und welch prächtige Welten sich uns dadurch eröffnen, das kann man sich durchaus mal genauer anschauen. Und hier setzt das *Erfahrungsfeld* an. Mitten im Grünen wird alljährlich zum 1. Mai unter dem Motto »staunen, entdecken, forschen und erleben« ein Aktionsparcours eröffnet, auf dem sich große wie kleine Menschen mit ihren Sinneswahrnehmungen auseinandersetzen können.

Mit blanker, trockener Theorie hat das alles reichlich wenig am Hut, vielmehr geht es an den über 100 Stationen ums pure Erleben und Anfassen. Ein großer Lernort, ein Spielplatz mit »Hinter-Sinn«, der sich jedes Jahr ein neues Thema vornimmt und in den Mittelpunkt stellt. Mal sind es Farben, mal die Elemente, mal diejenigen körpereigenen Werkzeuge, die wir zum Wahrnehmen einsetzen. Zum Repertoire, das neben den festen Stationen beinahe täglich Sonderveranstaltungen wie Theater, Werkstätten, Kreativworkshops oder Fachvorträge in petto hat, gehören zudem beispielsweise ein Kletterwald, ein Klangraum oder ein Dunkelcafé: In absoluter Finsternis erhält man

Erfahrungsfeld zur Entfaltung der Sinne

Wöhrder Wiese unterhalb des Prinzregentenufers und Hirsvogelbunker

Hirsvogelstraße 14

90489 Nürnberg

Tel. 09 11/2 31 54 45

www.erfahrungsfeld.
nuernberg.de

Mai–Mitte Sep

Mo–Fr 9.00–18.00

(in den Ferien

Mo–Fr 10.00–18.00)

Sa 13.00–18.00

So und Fei 10.00–18.00
Eintritt ab 2,50 Euro
Wöhrder Wiese: U2, U3

Tipp: Picknickdecken und
sonstiges Zubehör für
Park-Tage mitnehmen!

hier für kurze Zeit am eigenen Leib zumindest eine Ahnung davon, wie sich die Welt derjenigen Blinden anfühlt, die nonchalant die Bedienung im Café übernehmen und den normalsichtigen Besucher zwischen Verwunderung und Hilflosigkeit changieren, aber niemals hängen lassen.

Nicht ganz unpraktischerweise befindet sich in einmal-umfallen-Nähe ein entzückender Biergarten, der betreuungsmüden Eltern Maßkrüge und Steaksemmeln reicht, verausgabtes Kleingemüse mit Eis und Bratwurst stärkt oder die Sinnesentfaltung kurzerhand auf »schmecken« reduziert.

51. Autotraum mit Weißwandreifen

Dreamday with
Dreamcar
Ostendstraße 115
90482 Nürnberg

Tel. 01 57/73 36 83 30
www.dreamday-with
-dreamcar.de
Business Tower:
Straßenbahn 5

Tipp: Auto mieten und
damit zum → Saturday
Nightcruise (s. S. 66)
fahren, so tun, als wäre
man der Besitzer der
Schönheit, und Zeit
stoppen, bis der Kenner

»Heute ein König« ist zwar bedauerlicherweise prinzipiell anderweitig besetzt, wird aber an dieser Stelle frech und rücksichtslos geklaut. Denn königlich, prominent, gar unbesiegbar kann man sich durchaus fühlen, sitzt man erstmalig in einem der alten Klassiker, die man seit ewig und drei Tagen in Filmen, Musikvideos oder auf den Fotos der Hochzeit von anno dazumal angehimmelt hat. Noch erhabener aber fühlt man sich, wenn man selbst es ist, der dem Oldtimer röhrendes Leben einhaucht – weil man ihn nämlich selber lenkt. Was in den allermeisten Fällen nicht funktioniert, denn die Besitzer solch rarer Schönheiten lassen arg ungern Fremde fahren. Nicht so *Dreamday with Dreamcar*!

Entgegen aller weit verbreiteten Gepflogenheiten hält man sich hier in puncto »nur mit Chauffeur« nicht nur diskret, sondern zur Gänze zurück, gibt den Interimsbesitzern lediglich Schlüssel, den ein oder anderen Hinweis und die besten Reisewünsche mit auf den Ledersitz, und los geht die Fahrt. Ob fetzig im schwarzen Mustang Cabrio, ein bisschen gemütlich im roten Chevrolet Bel Air, erhaben im Ford Fairlane oder cool im Cadillac – eine wachsende Anzahl sogenannter »Classic Cars« steht in der Mögeldorfer Garage bereit für den Einsatz. Ob der dann bedeutet, eine Hochzeit zu verschönern oder eine Firmenfeier, einen Wochenendausflug mit der Familie zu unternehmen oder Opa und Oma ein außergewöhnliches Geschenk zu bereiten – was immer es beliebt.

den Schalk enttarnt.

Ein klitzekleines bisschen gewöhnungsbedürftig könnte es für uns technikverwöhnte Autofahrer schon sein, ein Fahrzeug so zu erleben und zu spüren, wie es diese Oldtimer ermöglichen, aber kleine Hemmungen werden zum einen bei der Einweisung schnell genommen und verfliegen zum anderen geschwind, wenn sich 200 PS unterm, pardon, Arsch in die Kurve legen. Anrufen, ausmachen! Machen!

52. Wo Nürnberg sich aufbrezelt

Wandert der Nürnberger in fernen Landen (womit ungefähr alles außerhalb der Stadtgrenze gemeint ist), so kommt er über kurz oder lang nicht umhin, sich zu fragen, wie zum Teufel die Menschen hier nur überleben können!? Denn unter Garantie erfasst ihn auf seinen Streifzügen bald ein kleines Hüngerchen, das er naturgemäß mit einer Breze zu bekämpfen sehr geneigt ist. Allein, die Laugenwindung sucht er vergebens und versteht die Welt nicht mehr.

Brezen Kolb
(neue Backstube mit
Drive-In)
Ostendstraße 138
90482 Nürnberg

Tel. 09 11/5 44 42 50
www.brezen-kolb.de
Mo–Fr 5.30–19.00
Sa 7.00–18.00
So 7.30–17.00
Fei Ruhetag
Frühstück bis 11.30
Mittagessen 11.30–18.00
Drive-In:
Mo–Fr ab 2.15
Sa ab 3.45
So ab 5.30

Nun mag man sagen, der Bayer im Allgemeinen komme mit einer Breze im Mund auf die Welt – der Nürnberger stellt aber ja gerne einen Spezialfall dar, und so auch hier. Traditionell verbringt das eingeborene Kleinkind seine ersten Lebensjahre in einem Brezenbrei, das es sorgfältig in Maxi Cosi, Kinderwiege und auf Restauranthochstühlen zu verteilen weiß. Breze geht immer, und auch die Eltern lieben den Geschmack von nachwüchslig eingespeichelten Brocken. Solcherart symbiotisch zivilisiert, kann der Nürnberger also gar nicht anders, als stets und dauernd so ein Grundbedürfnis nach seiner Leibspeise zu verspüren.

Daran nicht ganz unschuldig sein dürfte der *Brezen Kolb* – der schließlich stellt sich seit seiner Gründung Mitte des letzten Jahrhunderts in den Bäckerwind und lässt stolz das Haar wehen im Sturm aus Donuts, Olivenseelen und Franzbrötchen. Seit einigen Jahren jedoch wird auch

Business Tower:
Straßenbahn 5

hier der Moderne Rechnung getragen. Das zeigt sich nicht nur im am Rathenauplatz eröffneten Stehcafé, wo schon mal ein Leberkäse zwischen Laugenhälften geklemmt wird, sondern auch in der exponentiellen Sortimentserweiterung der Buden, mit denen die an Bäckereien nicht gerade arme Stadt überzogen ist und vor denen sich ungeachtet der Konkurrenz gerne lange Schlangen bilden. Zu »mit/ohne grobem/feinem Salz« und »Butter« kommt also jetzt die Wahl zwischen Nutella, Camembert oder Gelbwurst – man muss sich nur entscheiden.

2014 hat sich Familie Kolb einer besonderen Spezies erbarmt, nämlich der im Auto festgewachsenen, und dieser bei der Werksverlegung von der Fürther Straße an den Ostring einen »Brezen-Drive-In« gewidmet – was aber bestimmt allein eingedenk automüden Nachwuchses auf der Rückbank höchst begrüßenswert ist.

53. Chromblitze im Wüstensand

Saturday Nightcruise
Parkplatz Zweirad-
Center Stadler
Nopitschstraße 82
90441 Nürnberg

www.saturday
-nightcruise.de
Mitte Apr–Mitte Okt
jeden 1. und 3. Sa im
Monat ab 20.15

Ungefähr zweimal im Monat samstagabends kann es passieren, dass sich Passanten in der Nürnberger Innenstadt unversehens inmitten eines rollenden Automobilmuseums befinden. Durch die Adlerstraße knattern Cadillacs, Mustangs oder Chevys, dass die Augen groß und Kameras gezückt werden, und ehe man sich's versieht, ist der automobile Spuk schon wieder vorbei – und lässt verwunderte Menschen mit verträumtem Blick zurück. »Was war denn das jetzt?«, fragt man sich.

Die Antwort führt ans andere Ende der Stadt. Hier nämlich, genauer gesagt am Dianaplatz beziehungsweise auf dem Parkplatz des dort ansässigen Zweirad-Centers Stadler, trifft sich an jedem ersten und dritten Samstagabend die Crème de la Crème amerikanischer Fahrzeuge aller Baujahre sowie sonstiger Klassiker bis Baujahr 1971. Was vor bald sechs Jahren als Schnapsidee einer Handvoll Kumpels mit gleichen Vorlieben begann, hat sich mittlerweile unter dem Namen *Saturday Nightcruise* zu einem etablierten Treffpunkt der Szene der sogenannten »Cruiser« entwickelt – weit über die Grenzen der Stadt hinaus, was man unschwer an den vor Ort vertretenen Kennzeichen feststellen kann.

Mitnichten geht es hier um ein Kräftemessen auf PS-Niveau, machoartigen Reifenabrieb oder Endstufen statt Kofferraum, sondern um Alterswürde. Die Fahrzeuge changieren zwischen chromblitzend-aufpoliert und wüstensand-abriebmatt, haben meist Geschichten, die die unverhohlen (und völlig zu Recht) stolzen Halter gern erzählen, und bei aller Variabilität eins gemeinsam: Ungefähr nie kommt der durchschnittliche Straßenverkehrsteilnehmer in den Genuss ihres Anblicks. Das bedingt sich schon allein durch den mindestens ideell kaum greifbaren Wert der Classic Cars, original US-amerikanischen Polizeiautos oder nightrideresken Riesen.

Zudem wurde 2014 erstmalig ein Sondertreffen für die breite Öffentlichkeit freigegeben, dem nur zu wünschen ist, dass es sich einen kalendarischen Stammplatz ergattert: Bei der »Vintage Pool Party« im Stadionbad lebten von Boogie über Charleston, von Petticoat über Haartolle die 30er- bis 70er-Jahre wieder auf und sorgten für einen unvergleichlichen Sommertag. Bei aller Freude aber standen freilich auch wieder diejenigen Protagonisten im Vordergrund, die an besagten Samstagen Parkplätze, Straßen und vor allem Augen zum Glänzen bringen.

Hohe Marter: U2

Tipp: Wer lieb fragt, darf vielleicht im Anschluss eine Runde im Auto mitfahren!

54. Labyrinth der psychedelischen Gartenzwerge

Minigolf, das klingt vielen im Ohr nach moosigen Bahnen, Geflügelzuchtverein, Gartenzwergdeko und hinterher schön ein Schnitzel im Vereinsheim nebenan. Doof, machen wir nicht, machen wir lieber was anderes. Zum Beispiel: Minigolf spielen gehen! Im Süden der Stadt nämlich versteckt sich in wenig glanzvoller Umgebung eine Anlage, die mit den Stereotypen so viel zu tun hat wie Schiffschaukel mit Achterbahn.

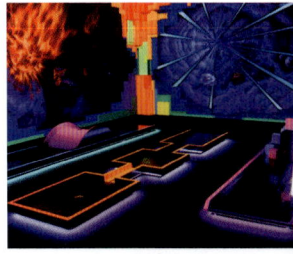

Schwarzlichtfabrik
Nimrodstraße 10
90441 Nürnberg

Tel. 09 11/23 56 64 90
www.schwarzlichtfabrik.
de
Di–Do 14.00–21.00
Fr 13.00–23.00
Sa 11.00–23.00
So 10.00–21.00
Preise ab 6 Euro, Reser-
vierung dringend erbeten
Gibitzenhof:
Straßenbahn 4
Platenstraße: Bus 58

In der *Schwarzlichtfabrik* gerät das Minigolfspiel sozusagen zum Beiwerk, während die Hauptattraktion die Anlage an sich ist. Mithilfe verschiedener Künstler, darunter ein namhafter aus Berlin, wurde eine sphärische Landschaft in dreidimensional und neonfarben geschaffen, durch die sich die Spieler bewegen, tasten, staunen, entdecken. Die spiralförmig angelegten Räume sind thematisch unterschiedlich gestaltet, folgen einer Art Evolutionsgeschichte, sind Feuer und Wasser, Weltraum und Meerwelt. Die Bahnen selbst bieten zwar die allseits bekannten Hindernisse, sind aber ebenfalls passend zur illusorischen Umgebung gestaltet – beispielsweise in Art einer fleischfressenden Pflanze, die gierig darauf wartet, die Kugel zu schlucken. Durch die Landschaft wandert es sich vorzüglich mit der zur Verfügung gestellten 3-D-Brille – aber Vorsicht: Die Räume sind viel kleiner, als sie es zu sein vorgaukeln. Besonders lustig wird das wahrlich sinnliche Erlebnis, wenn man versucht, besagte Brille auch beim Schlag anzubehalten …

Hinter jeder neuen Ecke der verschlungenen 600 Quadratmeter warten neue Farben und Formen, Klänge und Illusionen. Langeweile? Fehlanzeige. Wer meint, seine Sinne nicht ausreichend durcheinandergebracht zu haben, kann außerdem im Foyer-Bereich, in den zudem ein Mini-Bistro integriert ist (für den kleinen Hunger. Für den großen gibt's → *Boogie's BBQ* (s. S. 69), seine Aufnahmefähigkeit ausreizen. Mit einer Cyber-Brille nämlich, die einen einzigartigen Ausblick in die Zukunft der virtuellen Realität bietet. Einmal auf den Kopf gesetzt, befindet man sich urplötzlich in einer digitalen Welt, die Bewegungen mitmacht und dem Blick folgt, »Spiele« zwischen sattem Wiesengrün und atemberaubenden Achterbahnfahrten ermöglicht – unter Anweisung und Aufsicht, versteht sich. Übrigens: Reservieren sei empfohlen!

55. »Oh yeah baby! Low and slow!«

Wer derzeit politisch korrekt speisen möchte, der ist gut daran beraten, sich an die wachsende Anzahl vegetarischer und veganer Restaurants zu halten. Und daran ist auch rein gar nichts Verwerfliches. Ebenso wenig vorzuwerfen ist aber demjenigen sein Gelüst, der einen großen Fleischeshunger verspürt. Und während die einen sich über Tofuschnitzel und Amarantpastete unterhalten, hat ein anderer ganz still und fast schon heimlich die Pforte in den Karnivorenhimmel geöffnet. Zumindest recht versteckt. »There's no such thing as too much butt« prangt auf einem Shirt, das an der Wand des *Boogie's* pinnt. Und der wohlgenährte Schweinehintern darunter weist gänzlich unsubtil darauf hin, worum's hier geht.

Boogie's BBQ
Nimrodstraße 10
90441 Nürnberg

Tel. 09 11/94 93 39 20
www.boogiesbbq.de
Di–Mi 11.00–18.00
Do–Sa 11.00–21.00
Gibitzenhof:
Straßenbahn 4
Platenstraße: Bus 58

Tipp: Der Verdauungsvorgang wird begünstigt von einem Besuch in der → Schwarzlichtfabrik (s. S. 67)!

Das *Boogie's* ist ein BBQ Smokehouse. Ganz genau so, wie man's in den USA, genauer: in St. Louis, an jeder Ecke kennt, liebt und zelebriert. Entsprechend den Gebräuchen jenseits des großen Teichs gibt es hier authentisches Garagenfeeling, das wenig mit dem zu tun hat, was man hierzulande unter »Restaurant« verstehen mag. Das muss aber ja den Protagonisten keinen Abbruch tun, und die tragen Namen wie »Pulled Pork«, »Pastrami« oder »Beef Brisket«. Die Spezialitäten reifen, wie es sich gehört, im sogenannten »Pit«. Das heißt eigentlich »Grube« und weist auf die Ursprünge des Barbecues hin, um das sich zahlreiche Geschichten ranken. Eine davon besagt, dass Sklaven morgens vor der Arbeit auf dem Feld die großen Fleischstücke in eine Grube betteten, wo diese den ganzen Tag über bei niedriger Temperatur vor sich hin räucherten. Abends grub man das Fleisch aus und hatte seine Mahlzeit. Bei *Boogie's* ist die Grube ein riesiger Räucherofen im Hinterhof. Zwischen vier und 24 Stunden wird das Fleisch hier auf um sich selbst drehenden Rosten über Kirsch- und Apfelholz geräuchert. Bei maximal 105 Grad. »Oh yeah baby! Low and slow!« ist die Devise des original Memphis Style BBQs, zu dem diverse selbst gemachte Sideshows, also Beilagen und köstliche Saucen, an die Plastiktischdecke gereicht werden.

Das wussten zuletzt nicht nur sehr viele in den fernen Süden (Nürnbergs) Pilgernde zu schätzen, sondern 2015 auch der *Feinschmecker*, der dem *Boogie's* prompt den Stempel »Fastfood vom Feinsten« aufdrückte. Mehr gibt's nicht dazu zu sagen.

56. Böreks, Brass und Bayern

Südstadtfest
Annapark
90459 Nürnberg

www.suedstadtfest.de
Fr–So Anfang Juli
Maffeiplatz: U1

Hört er »Südstadt«, so klingeln bei manch einem Nürnberger nach wie vor gewisse Glocken, die von Schmuddel, Lärm und Anarchie künden. Da mag man direkt einmal voranstellen, dass dies womöglich hauptsächlich bei denjenigen Bürgern der Fall sein dürfte, die sich mit einem gewissen erlenstegenösen Dünkel umgeben. Nichts gegen das weitgehend aufgeräumte Villenviertel, aber in der Tat steht das doch in krassem Gegensatz zu dem, was gemeinhin unter der Südstadt verstanden wird. Die nämlich ist vor allem eins: multikulturell und bunt.

In welcher Vielfalt, das zeigt sich alljährlich am ersten Wochenende im Juli beim *Südstadtfest* im Annapark. Diese übers Jahr hinweg eher unprätentiöse Kleinoase verwandelt sich dann in ein dreitägiges Sinnesrauschen und Freudenfeuer. Dass sich verschiedenste politische, kulturelle und soziale Einrichtungen präsentieren, gerät angesichts des Restprogramms gern ins Hintertreffen, sodass am Ende als Gewissensfrage höchstens bleibt, ob man sein Getränk jetzt am rot- oder blauweißbeschirmten Stand zu holen habe. Man hat anderes zu tun. Sich beispielsweise mit der Essensproblematik zu beschäftigen, ist doch das kulinarische Angebot von anatolisch bis zulu derart groß, dass eine Entscheidung zuweilen hart zu fällen ist.

Auf der Jagd nach dem Mahl verläuft man sich dann gern einmal zum Kinder-Spiel-Platz und bastelt schöne Dinge oder ertappt sich dabei, schöne Dinge zu kaufen, die andere gebastelt haben (diesbezüglich besonders gefährlich: der Stand der Drogenberatungsstelle mudra e. V.) oder auf dem Miniflohmarkt an den Mann bringen möchten. Neben den vielen Nebenschauplätzen findet das

Hauptgeschehen aber auf der großen Bühne statt, auf der zwischen fränkischer Comedy, flottem Klezmer und bayerischer Brass-Formation auch Platz ist für eine Kindertanzdarbietung. Die findet sich ansonsten generell vor der Bühne. Wer sich Nürnbergs größtes Stadtteilfest anschauen möchte, der folge einfach Grillduft und Rauchschwaden.

57. Land? Bier? Paradies!

Das *Landbierparadies* ist eigentlich ein »Stadtbier-paradies«, aber wir wollen mal nicht pingelig sein. Fest steht: Das Leben ist zu kurz, um schlechte Biere zu trinken. Getreu diesem Motto wird unter eingangs erwähntem Namen ungefähr seit Anbeginn der Zeitrechnung die Bevölkerung mit all den schäumenden Erzeugnissen versorgt, die das Bier-Wunderland Franken mit seinen unzähligen, zumeist kleinen Brauereien hervorbringt.

Landbierparadies
Laden:
Galgenhofstraße 60
90459 Nürnberg

Tel. 09 11/43 94 42 40
www.landbierparadies.
com
Mo–Fr 9.00–19.00
Sa 9.00–17.00

Wirtshäuser:
Wodanstraße 15
90461 Nürnberg
Tel. 09 11/46 88 82
Mo–Do 17.30–1.00
Fr ab 14.00
Sa ab 12.00
So und Fei ab 10.00
Maffeiplatz: U1
Wodanstraße:
Straßenbahn 7, 9
sowie

Inwiefern dem allem eine geheime Abmachung zugrunde liegt, derzufolge die »Kahlfresser« mit dem *Landbierparadies* vom Land ferngehalten werden sollen, ist bislang nicht ergründet. Jetzt ist es heutzutage (zum Glück!) kein Alleinstellungsmerkmal mehr, sich des heimatlichen Angebotes zu bedienen, doch gab's im LBP schon Helles, Volles und Rotes, als der unwissende Pöbel sich noch stramm am Beck's festhielt.

Neben dem Laden zählen zum Versorgungsnetzwerk auch die sorgsam über den Ballungsraum verteilten Wirtshäuser, zwei davon in Nürnberg. Die sind, wie sich das gehört, fränkisch-zweckmäßig in Holz gehalten, erlauben teils die ursittliche Mitnahme eigener Brotzeiten (im Biergarten), wechseln munter durch, was das Brau-Angebot so hergibt, und kredenzen ganz nebenbei köstliche Brotzeiten und Braten.

Unwissenden, die den Ableger in der Sterzinger Straße aufsuchen, kann sich da unter Umständen ein verwirrendes Schauspiel bieten: in schwarzen Cord gewandete Männer nämlich, mit breitkrempigen Hüten und Stöcken, die in zuweilen altertümlich

Sterzinger Straße 4–6
90461 Nürnberg
Tel. 09 11/4 33 47 22
Okt–Apr tägl. 17.30–1.00
Mai–Sep Mo–Sa 6.00–1.00
So und Fei ab 11.00
Frankenstraße: U1
Tiroler Straße: Bus 65

anmutender Sprache sprechen, und bei denen es mitunter recht lustig zugeht. Keine Sorge, die tun nix. Vielmehr handelt es sich hierbei um »rechtschaffene Fremde«, also die Gesellen bestimmter Handwerksgruppen, die sich auf der jahrhundertealten Tradition der »Walz« befinden, ihren sogenannten »Krug« im *Landbierparadies* in der Sterzinger Straße haben und sich entsprechend circa zweimal monatlich hier treffen.

58. Heft mit Hintersinn

Straßenkreuzer e. V.
Wilhelm-Spaeth-Straße 65
90461 Nürnberg

Tel. 09 11/2 17 59 30
www.strassenkreuzer.
info
Platz d. Opfer d. Faschismus: Straßenbahn 9
Peterskirche:
Straßenbahn 6

Tipp: Der Straßenkreuzer e. V. bietet verschiedentlich Stadtführungen an, bei denen unter dem Namen »Schicht-Wechsel« Nürnberg von den Mit-

Über kurz oder lang trifft jeder, der in Nürnberg ein bisschen unterwegs ist, auf einen Menschen, der freundlich und zurückhaltend an einer Straßenecke steht oder nicht minder freundlich und zurückhaltend bei einer Veranstaltung oder sonstigen Ereignissen durch die Leute streift und ihnen höflich ein Heft zeigt, an dem auf den ersten Blick ein breiter orangeroter Rand und auf den zweiten der Schriftzug »Straßenkreuzer« auffällt. Die Regieanweisung lautet: kaufen! Mitnichten handelt es sich hierbei um missionierungseifrige Vertreter irgendeiner Sekte, sondern um ehrbare Mitbürger, die sich dadurch verdingen, das hiesige Sozialmagazin zu verkaufen.

Elfmal jährlich erscheint der *Straßenkreuzer* im Großraum in einer Auflage von circa 14.000 Stück und wird auf der Straße von Armen und Obdachlosen verkauft, an die jeweils die Hälfte des Verkaufspreises von knapp zwei Euro geht. Ein seltsam weit verbreiteter Irrglaube hinsichtlich der Inhalte des Heftes entbehrt jeglicher Tatsachen: Das redaktionelle Konzept setzt auf Professionalität, wird meist ehrenamtlich von im Großraum bekannten Journalisten und Fotografen gestaltet und behandelt pro Ausgabe je ein Schwerpunktthema, das aus verschiedenen Perspektiven beleuchtet wird. Das Magazin finanziert sich durch Verkauf, Anzeigen, Spenden und Förderer und wird getragen vom mildtätigen Verein *Straßenkreuzer e. V.*, der sich zur Aufgabe gemacht hat, Menschen in sozialer

Not zu helfen, sich selbst zu helfen – und zu dem weitere Projekte wie die *Straßenkreuzer* Uni, eine Schreibwerkstatt und Lesungen gehören.

Das Engagement des Vereins wurde in zahlreichen Auszeichnungen gewürdigt – das Engagement der Verkäufer würdigt man am besten, indem man das Magazin kauft. Den ein oder anderen inspirierenden Plausch gibt's kostenlos dazu!

arbeitern des Magazins aus der Perspektive der Armen und Mittellosen gezeigt wird.
Nähere Infos auf der Webseite.

59. Kleine Kunst ganz groß

Die *rote Bühne* ist eigentlich ein Pars pro Toto. Dahinter steckt nämlich ein ganzer Kulturverein mit Mitgliedern jedweden Alters, die sich unter dem Motto »Lachen und Musik sind die beste Medizin!« ehrenamtlich engagieren und ein breites Programm rund um Theater, Tanz, Comedy, Kabarett und viel Livemusik auf die Beine stellen, zu dessen Realisierung laut eigener Aussage ausschließlich professionelle Künstler auf hohem Niveau beitragen.

Kulturverein rote Bühne e. V.
Vordere Cramergasse 11 (Rückgebäude)
90478 Nürnberg

Tel. 09 11/40 22 13
www.rote-buehne.de
Dürrenhof:
Straßenbahn 5
Cramergasse: Bus 43, 44

An den Verein angeschlossen ist seit 1997 mit der Tanzfabrik eine Ausbildungs- und vor allem Freudenstätte, die mit über 20 erfahrenen Dozenten, 80 Kursen und vier Tanzsälen auf 510 Quadratmetern Teilnehmern jeden Alters und Kenntnisstandes Freude und Leidenschaft für Tänze verschiedenster Art vermittelt. Wer sich im intimen Rahmen der kleinen roten Bühne vom Feuer der Darsteller hat anstecken lassen, kann also alsgleich selbst zur Tat schreiten und sich in der Kunst von Burlesque oder Charleston, Stepptanz oder Boogie-Woogie üben.

Ansonsten bietet Einblick in das kleinkünstlerische Schaffen des Vereins, der wie viele seiner Art im steten Überlebenskampf verheddert ist, eingangs erwähntes breites Programm. Improtheater zählt ebenso dazu wie Gesangsdarbietungen, beim Kabarett kann's durchaus passieren, dass verdiente Namen wie der eines Oliver Tissot, der seine Dissertation unter dem stelzigen Titel »Humor als Humanfaktor zur Erreichung von Unternehmenszielen« schrieb, auftauchen. Oder der Gast selber abtaucht,

Tipp: Zuweilen nicht nur gern gesehen, sondern durchaus erwünscht: Garderobe entsprechend dem Anlass!

in eine längst vergangene Zeit, wenn die *rote Bühne* beispielsweise in Erinnerungen und Hommage an die 30er-Jahre schwelgt und sich für eine Nacht in den Cotton Club nach New Yorker Vorbild verwandelt – Mafiosi und Jazz-Legenden inklusive.

60. Auf Mamas Spuren durch den Mehlstaub

Hildes Backwut
Schlossstraße 48
90478 Nürnberg

Tel. 09 11/4 00 87 97
www.hildesbackwut.de
Mo–Fr 5.30–18.00
Sa 6.00–14.00
Burgerstraße: Bus 44

Als sich das *ZEITmagazin* im November 2014 aufmachte, per Leser-Wahl Deutschlands beste Bäckereien ausfindig zu machen, förderte das Ergebnis für Nürnberg zutage, was der einwohnende Connaisseur längst wusste: Mit 43 Nennungen das restliche Feld weit hinter sich lassend, wurde einer zum König, der so unprätentiös ist, dass man ihn allein dafür lieben muss. *Hildes Backwut* befindet sich gänzlich unaufregend in einer kleinen Seitenstraße und bedarf keinerlei Schnickschnacks. Was zählt, ist hier einzig die Qualität der Backwaren, und das dankt die Stadt ihrem Johannes Schwarz. Der trat 2007 an, eine Bäckerei im Sinne des französischen »pain traditionelle« zu etablieren.

Das bedeutet nicht weniger, als eine der letzten Bäckereien zu sein, die gänzlich ohne Tiefkühlung auskommt. Was wiederum bedeutet: Hier wird alles täglich frisch gemacht, von Hand und nach eigenen Rezepten. Ob deftig oder süß, standard oder ausgefallen – Zusatzstoffe sucht man vergeblich in der Bäckerei, für die als Vorbild und Inspiration des Maîtres Frau Mama dient: »Manchmal wirbelte sie für Stunden in der Küche herum, es wurde warm in der ganzen Wohnung und es begann köstlich zu riechen. Dann präsentierte sie ihre von mir heute noch bewunderten Backkreationen.«

Abgesehen vom niedrigpreisigen Grundrepertoire, das ausnahmslos im seltenen Steinofen gebacken wird und zu dem unter anderem ein traditionelles Nürnberger-Sauerteigbrot gehört, finden die Kunden hier neben einem Plausch mit dem Chef stets eine wärmende Mittagssuppe. Mittlerweile gibt es ihre Lieblingsteilchen an immer weiteren Ecken der Stadt, beliefert *Hildes Backwut* doch zahlreiche Gastro-

nomen und Events mit Brötchen und Laugenstangen, Bauernpfünderln und Olivenfocaccia, Quarkplundern und Käsekuchen – teils in Sonderanfertigung, wie beispielsweise die Burgerbrötchen, die analog zur wachsenden Zahl entsprechender Lokale immer mehr gewünscht werden. Alles – bloß keine Fabrikware!

61. Picknick, Feuerwerk, Verkehrschaos – und das ganz klassisch

Bei welchem der erhabenen Momente fängt man denn da jetzt an, ohne zu klingen wie ein salbadernder Romancier? Ach, was soll's, ist halt so. Dann eben chronologisch: Es beginnt damit, dass sich bereits Tage im Vorfeld Menschen intensiv mit dem Thema »Picknick, aber nicht irgendwas« auseinandersetzen, wobei sich die Bandbreite von »Salati diversi« bis Fünf-Gänge-Menü erstreckt; einzig verpönt ist alles, was auch nur in Verdachtsnähe von »Dosenbier und Chips« gerät. Des Weiteren plane man die Anreise, die der Kluge und Sportive mit dem schwerbepackten Fahrrad vollzieht, der weniger Sportive mit den öffentlichen Verkehrsmitteln und der weniger Kluge mit dem Auto. Dann berechne man Pi mal Daumen die Gruppengröße und den dafür erforderlichen Deckenplatz und erscheine entsprechend zeitig im Luitpoldhain – wohlwissend, dass

Klassik Open Air
Luitpoldhain
Münchener Straße/
Bayernstraße
90478 Nürnberg

Tel. 09 11/2 31 20 00
www.klassikopenair.de
Ende Juli/Anfang Aug
Eintritt frei
Meistersingerhalle:
Straßenbahn 9
Bayernstraße: Bus 65

Tipp: Nicht am Vorabend reservieren!

zu Beginn der ersten sinfonischen Klänge nichts mehr zu sehen sein wird vom Rasen und man sich Decken unversehens und in friedlicher Koexistenz mit Fremden teilt. Besonders beliebt machen sich hierbei Personen, die bereits am Vorabend Reviere markieren (mit Absperrbändern beispielsweise, die wirklich bedauerlich wenig reißfest sind). Dann nimmt alles seinen Lauf.

Das *Klassik Open Air,* »Europas größte Freiluftveranstaltung mit klassischer Musik« startete im Jahr 2000 anlässlich der 950-Jahr-Feier der Stadt Nürnberg und funktioniert als wachsender Menschenmagnet, stark an der 200.000er-Marke kratzend. An zwei Wochenenden spielen jeweils Staatsphilharmonie und Symphoniker eins auf, wobei sich die Konzerte am Publikum orientieren, das für gewöhnlich im Gros eher nicht aus hauptberuflich-klassische-Musik-goutierenden Personen besteht. Heißt: Es ist immer was dabei, das man kennt, und sei's aus der Schokocrossie-Werbung.

In dem Anlass angemessener, doch nicht Mucksmäuschenstille entspannt man sich und träumt, staunt über das so große, doch auch so friedvolle Gedränge, versichert sich lieber einmal zu oft der mitgenommenen Sternspeier (die es aber auch dazugibt, wenn man für ein paar Groschen den obligatorischen Vogel-Pin erwirbt, mit dessen Erlös die eintrittsfreie Veranstaltung u. a. finanziert wird!) – um diese dann irgendwann auf ein geheimes Zeichen hin mit Abertausend weiteren zu entzünden und dem Klassikgott zu danken, dass es warm, trocken und außerdem dunkel ist, weil sonst alle sehen, dass man was ins Auge bekommen hat. Dann: Cancan, Furiosum, Feuerwerk, und während alle den Hügelpark besenrein verlassen, um dem Stadtverkehr eine mittelschwere, fahrradbedingte Straßenblockade zu bescheren, fängt man direkt an, sich Gedanken übers nächste Jahr zu machen. So ist das.

62. Spaziergang mit Schlagseite

Da spaziert man mirnichtsdirnichts um den *Silbersee* herum, biegt einmal falsch ab, wundert sich über den plötzlichen Anstieg, biegt aufs Geratewohl noch mal irgendwo ab und schwups – präsentiert sich ein herrlicher Ausblick auf Nürnberg, mit dem man so irgendwie nicht gerechnet hat. Das liegt daran, dass man unversehens mit dem *Silberbuck* eine ehemalige Schuttdeponie erklommen hat, die einen 356 Meter über den Meeresspiegel befördert.

Auge in Auge mit der Kaiserburg, die man aus dieser Perspektive wahrlich nicht oft zu sehen bekommt, startet man ein frohes Straßen- und Plätzeraten und gibt schnell auf, weil's a) egal ist und b) Wichtigeres zu tun gibt. Einfach nur genießen, beispielsweise, oder sich kurz Gedanken machen über das, worauf man da grade so genießt (und was man auf vielen Informationstafeln überall auf dem Gelände nachstudieren kann): Wie so vieles in der leidgeplagten Noris gehen sowohl *Silberbuck* als auch der sich zu dessen Fuße befindliche *Silbersee* auf ein finsteres Kapitel deutscher Geschichte zurück, ersann sich doch hier ein gewisser Adolf H. den Standort für ein Sportstadion monströsen Ausmaßes. Daraus wurde – wie gottlob aus dem Großteil seiner Pläne – nichts, und deswegen ist die Stadt heute um ein Naherholungsgebiet reicher.

Um den *Silbersee* herum grillt und tobt man, und das Einzige, was hier noch verseucht ist, ist das arme Wasser selbst: Weil seinerzeit sehr viel Dreck in die Baugrube geladen wurde, ist die jetzt voller freigesetztem Schwefelwasserstoff. Das macht dem Federvieh nicht viel, kratzt es doch nur an der Wasseroberfläche. Tunlichst vermeiden sollten alle anderen Lebewesen bitte beherzte Sprünge oder sonstige Bäder – es droht schlichtweg Lebensgefahr, weswegen die Schilder dringend ernst zu nehmen sind, das lernt hier jedes Kind. Und ganz nebenbei noch was über die thermischen Schichten von Gewässern. Hat's also doch wieder was Gutes.

Silberbuck/Silbersee
Bayernstraße/
Münchener Straße/
Große Straße
Dutzendteich
90471 Nürnberg

www.dutzendteich
-nuernberg.de
Volksfestplatz: Bus 65

Tipp: Grillzubehör
mitnehmen!

63. Profanierung statt Mystifizierung

Zeppelintribüne
Dokumentationszentrum
Reichsparteitagsgelände
Bayernstraße 110
90478 Nürnberg

Tel. 09 11/2 31 75 38
www.museen.
nuernberg.de/
dokuzentrum
Mo–Fr 9.00–18.00
Sa–So 10.00–18.00
letzter Einlass 17 Uhr
Sonderöffnungszeiten
an Fei
(die Zeppelintribüne ist
immer zugänglich)
Eintritt ab 1,50 Euro
Doku-Zentrum:
Straßenbahn 9

Darf man sich an einem Ort pudelwohl fühlen, in dessen Poren das alte, pure Grauen sitzt? Darf man einen Ort als einen der schönsten der Stadt bezeichnen, der das Sinnbild des Schrecklichsten ist, das Nürnberg für immer und ewig anhaften wird? Man darf. Denn es gibt nur wenige Plätze hier, die so ambivalent sind wie die *Zeppelintribüne*: Schauplatz der Selbstbeweihräucherung und Propaganda eines »Größen-Wahnsinnigen« – mit Fug und Recht als das meistdiskutierte Areal hier bezeichnet. Abreißen oder vor dem Verfall bewahren? Mit Profanierung statt Mystifizierung?

Einen Konsens zu finden gestaltet sich naturgemäß schwierig – doch allein die Aufklärung und Information hierüber findet am besten direkt am Ort desjenigen Geschehens statt, das mit den Reichsparteitagen, Leni Riefenstahl oder der Lichtsäule sich selbst einen ewigen dunklen Stempel aufgedrückt hat. Gewissenhaft aufgearbeitet findet sich nämlich alles Wissenswerte und Gewusst-werden-Sollende auf Tafeln, die über das ganze Areal verteilt sind, wie auch im Zuge verschiedenster Führungen sowie selbstverständlich im eigens zu Aufklärungszwecken eingerichteten Dokumentationszentrum. Das befindet sich im sogenannten »Colosseum« und außerdem direkt im Blickfeld, erklimmt man die vielen massiven Stufen der *Zeppelintribüne*.

Das kann man machen, wenn zu deren Fuße eine der unzähligen Veranstaltungen wie DTM, Rock im Park oder American Football laufen, zu Beginn eines schnucklingen Spaziergangs um und über die riesige Fläche mit großem und kleinem Dutzendteich oder zum → *Silberbuck* (s. S. 77). Oder ungefähr immer: einfach so.

Ein bisschen Sonne reicht aus, um den alten bösen Steinen eine wohlige Wärme einzuhauchen, die eine großartige Unterlage für Picknicks und Sit-Ins jedweder Art bieten. Unten fahren dann Skateboards und Rollschuhe, ferngesteuerte Autos oder selbst gelenkte Motorräder, brutzelt der Imbiss seine Würstchen, dotzen die Tennisbälle an die Wand, schnattern die Enten und Gänse und die Menschen eh, dreht sich vielleicht das Riesenrad des Frühlings- oder Herbstvolksfestes im Kreis, wehen die Fahnen einer Zirkuskuppel am Firmament, während sich über all das kunterbunte und sowas-von-gar-nicht-mehr-braune Treiben langsam ein Abendrot legt, das derart kitschig ist, dass es einem schier die Tränen in die Augen treiben möchte. Wenn sich darunter noch solche der Erinnerung und des Andenkens mischen – nur zu. Dafür ist die *Zeppelintribüne* schließlich gewissermaßen auch noch da.

64. Geht immer!

Der *Nürnberger Tiergarten* ist eigentlich gar kein Garten. Sondern Kletterwald, Erlebniswelt, Spazierweg, Naturlehrpfad, Überraschungsei und Biounterricht in einem. Ausflüge dorthin? Gerne jederzeit, bei jedem Wetter und in jedem Alter. Knapp 300 Arten zwischen imposant und niedlich hält die 70 Hektar große Anlage, die nach der Eröffnung 1912 im Jahr 1939 an den heutigen Standort Schmausenbuck gezogen ist. Darunter zahlreiche gefährdete.

Tiergarten Nürnberg
Am Tiergarten 30
90480 Nürnberg

Tel. 09 11/5 45 46
www.tiergarten.
nuernberg.de
Apr–Sep tägl. 8.00–19.30
Okt–Mär 9.00–17.00
Eintritt Kinder 6,50 Euro,
Erwachsene 13,50 Euro
Tiergarten:
Straßenbahn 5, Bus 65

Culinartheater im
Tiergarten
Am Tiergarten 8

Das weitläufige und im Vergleich zu anderen Zoos aufgrund der tendenziell hügeligen Eigenschaft Nürnbergs teils eher anspruchsvolle Gelände mit viel reichswaldigem Flair hat neben zahlreichen, den Charme untermauernden historischen Gehegen wie dem in den Sandstein gehauenen Raubtierhaus auch solche, über denen noch der Klang des Richtfestes schwebt. Hierzu gehört beispielsweise der sogenannte »Aquapark«, der mit Delfinen und Seelöwen aufwartet und mit einem Tropenhaus – Manatis und Sprühregen inklusive.

Wer mag, kann wie Generationen von Nürnbergern eine Reise mit der kleinen, dem historischen »Adler« nachempfundenen Tiergartenbahn wagen. Die bringt alle, die, wie sich das gehört, artig aus der Bahn winken, direkt zum Streichelzoo (na gut,

90480 Nürnberg
Tel. 09 11/5 43 01 20
www.culinartheater.de

Tipp: Mit einer Radtour
durch den Reichswald
verbinden! Nicht nachts
auf dem Waldparkplatz
aufhalten!

die Nichtwinker schon auch), wo neben ausführlichem Toben auf dem raffinierten Spielplatz getan werden darf, was sonst tunlichst zu unterlassen ist, nämlich ins Gehege schlüpfen und Tiere berühren und füttern.

Zum *Tiergarten* gehören neben einigen kleinen Kiosken auch das *Restaurant Waldschänke*, in dem gern mal ein Mords(culinar)theater aufgeführt wird – und das auch außerhalb der Öffnungszeiten des *Tiergartens*, dessen Jahresprogramm immer vollgepackt ist mit allerlei Sonderveranstaltungen.

65. Mit Esprit durch die Kreativwolken

Akademie der Bildenden
Künste
Bingstraße 60
90480 Nürnberg

Tel. 09 11/9 40 40
www.adbk-nuernberg.de
Jahresausstellung
Anfang/Mitte Juli
Akademie der bildenden
Künste: Bus 65
Tiergarten:
Straßenbahn 5

Tipp: Wenn man schon
mal da ist, kann man
auch gleich einen
Spaziergang durch das
hübsch-sumpfige

1662 ins Leben gerufen, stellt die Nürnberger *Akademie der Bildenden Künste* die älteste Kunstakademie im deutschsprachigen Raum dar. Wer jetzt Bilder von altehrwürdigen Gemäuern vor Augen hat, in denen der Geist lang verstorbener Kupferstecher jahrhundertealten Staub aufwirbelt, verabschiede sich geschwind von dieser Vorstellung. Zwar liegen die Hallen, Werkstätten, Ausstellungsräume und Kreativwolken gewissermaßen im Wald verborgen, aber damit hat sich's dann auch schon mit dem Mittelalter.

Studienfächer, Ambitionen und Arbeitsweisen nämlich sind von höchstmodernem Spirit beseelt, der alle Jahre wieder Großes hervorbringt. Abgesehen von zahlreichen angesehenen Künstlern aus Bereichen wie Bildende Kunst, Freie Malerei, Goldschmieden oder Fotografie, die die Akademie verlassen, um Farbe, Form und Fantasie in die Welt zu bringen, finden sich neben großen Lehr- und Kunstnamen wie Ottmar Hörl unter den Abgängern auch solche, die gänzlich fachfremd für Bespaßung sorgen – so hat beispielsweise der Kabarettist Matthias Egersdörfer hier als Meisterschüler gebüffelt, bevor er als fränkischer Choleriker deutsche Bühnen zu bespielen begann.

Von all dem bekommt der Durchschnittsmensch für gewöhnlich eher wenig mit – doch einmal im Jahr, da zieht es alle raus in die Bingstraße.

Pflichtveranstaltung, sozusagen. Das hat zwei Gründe: zum einen die große, knapp eine Woche andauernde Jahresausstellung im Juli, bei der die Eleven der verschiedenen Klassen zeigen, was sie beigebracht und zustande bekommen haben – was den Kunstverständigen häufig Trends entdecken und den Laien zwischen Erstaunen und Ratlosigkeit mäandern lässt. Mäandert wird zum anderen dann aber traditionell vorzugsweise beim zur Jahresausstellung gehörigen Sommerfest der *Akademie*, das zu besuchen dringend empfohlen ist.

Die Atmosphäre in dem weit verzweigten Areal sucht ihresgleichen: Zwischen den Ausstellungsräumen und Werkstätten findet sich an jeder Ecke, natürlich, Kunst zum Anschauen und Anfassen, darüber hinaus aber auch ein prima Angebot für Hunger und Durst, mit was für die Augen ebenso wie für die Ohren, man trifft und kennt sich oder lernt sich kennen, entdeckt um jede Kurve irgendetwas Neues, weiß nicht so genau, ob man eigentlich gerade vor einem Kunstwerk steht oder ob's vielleicht nicht doch einfach nur ein Rest von Baumfällarbeiten ist, freut sich über das Tageslicht, das erst changierend dämmert und dann ganz weg ist, hört vielleicht hier und da ein mulmiges Geräusch vom unweit gelegenen → *Tiergarten* (s. S. 79) und zu später Stunde vor allem das der Tanzveranstaltung in der Mensa. Vor Dünkel braucht hier niemand Angst zu haben: Das Publikum ist so bunt wie die Farben, in die die *Akademie* in dieser Nacht getaucht ist.

Reichswaldgebiet machen, in dem man sich sozusagen eh schon befindet.

66. Heißgeliebter Ruhmreicher

»Der Glubb is a Depp!« könnte womöglich einer der, wenn nicht gar DER den Franken am besten charakterisierenden Sätze sein, weiß der doch in unnachahmlicher Schönheit innige Liebe und Treue im Kleid einer Beschimpfung zu transportieren. Der Satz. Der Franke auch. Man kann so soccerphob sein, wie man will – als Nürnberger verschiedensten Berührungspunkten mit dem FCN

Club-Museum

Valznerweiherstraße 200
90480 Nürnberg

Tel. 09 11/94 07 91 00
www.fcn.de/club/
club-museum
Mo–Fr 9.00–12.30 und
13.30–17.00
jeden 1. So im Monat
10.00–15.00 (nicht an
Heimspiel-Sonntagen!)
Valznerweiher: Bus 44

Tipp: Nie »Greuther
Fürth« in wohlmeinen-
dem Zusammenhang
erwähnen! Höchstens
als wie auch immer ge-
artetes Argument gegen
den FCB!

zur Gänze zu entwischen ist schier unmöglich.

Das zeigte sich im Jahr 2014 beispielsweise, als im Rahmen einer schwer nach Verzweiflung duftenden Motivationsaktion die ganze Stadt mit »Ich bereue diese Liebe nicht«-beichtenden Fans tapeziert war. Seit der Gründung des »1. FC Nürnberg Verein für Leibesübungen e. V.« im Jahr 1900 hat der »Club« so manche Höhen wie Tiefen durchlaufen: Mit neun Meisterschaften war er bis 1987 über 60 Jahre deutscher Fußball-Rekordmeister, bevor er vom Erzrivalen Bayern München abgelöst wurde, um als »Fahrstuhlmannschaft« in die Annalen einzugehen – und in den Spott, entbehrt doch der Beiname »Ruhmreicher« heutzutage nicht einer gewissen ironischen Großartigkeit. Dessen ungeachtet halten die Fans zu ihrem Deppenverein wie Pech zu Schwefel, und um den Ausgang eines Spiels in Erfahrung zu bringen, bedarf es zu gegebener Zeit nur eines kurzen Blickes in die Clubberer-Mienen.

Im Vorfeld eines Heimspiels trifft man sich gerne in diversen Lokalitäten in und um das »Frankenstadion«, das natürlich eigentlich schon längst nicht mehr so heißt, um sich gegenseitig Mut zuzusprechen – eine davon hört auf den Namen »Stuhlfaut Stuben«, benannt nach einer der unzähligen Vereinslegenden, die sich hier gar selbst als Wirt verdingte. Praktischerweise befindet sich dort am Valznerweiher auch die Devotionalienhalle: das *Club-Museum*, in dem die Geschichte des Vereins auf heiligem Boden mit nicht minder heiligem Ernst zu betrachten ist. Exponate, Texte, Anekdoten vermischen sich mit illusorischer Wehmut, die doch nicht größer werden kann als der unverrückbar feste Glaube daran, dass es garantiert immer wieder aufwärts geht. Und dann halt wieder abwärts. Weil er halt »a Depp is«. »Die Legende lebt, wenn auch der Wind sich dreht. Unser Club wird niemals untergehn …« Hobb etz!

67. Ich reite in die Stadt, der Rest ergibt sich

Da muss man erst mal drauf kommen, dass sich irgendwo am urbanen Speckgürtel, nach einer Fahrt durch Land und Wald, während derer man sich völlig sicher ist, vom Weg abgekommen zu sein und dringend umkehren zu müssen, sich plötzlich eine Welt auftut, die man garantiert so nicht erwartet hätte. Tut man nicht. Deswegen soll sie hier kundgetan werden.

Am Ende dieses Weges nämlich befindet sich mit der *Bighorn Ranch* eine Cowboy-Welt, wie sie im Buche steht. Oder eher: im Film. Oder Museum. Oder – man weiß es nicht. Man geht einfach hinein und staunt und guckt und freut sich. Ist man doch in einer Örtlichkeit, die aus dem gewachsen ist, was in den 1980er-Jahren als Vereinsheim des »1. Western-Club Nürnberg e. V.« ins Leben gerufen wurde. Hier lebt der Wilde Westen auf, hier trägt Frau Stetson und Colt, Mann natürlich auch, hier wacht der Sheriff übers Geschehen, hier sorgt der Bullerjan für wohlige Wärme, hier steht lässig am Tresen (und spuckt aber bitte keinen Priem auf den Boden), wer nicht umhinkommt, die Sammlung aus weit über 200 Whiskey-Flaschen zu bestaunen, die nicht minder beeindruckend ist als all das, was sich außenrum so angesammelt hat: Flinten und Bisonköpfe, Elche und Wildschweine, Schlangenhäute und Bussarde und was man halt so zusammengetragen hat in all den Jahren – mit einer unübersehbaren Zuneigung zu allem, was mit diesen Südstaaten zu tun hat. Geschwoft wird zu Country, gerne mal in der Live-Version von namhaften Vertretern der Branche, Line-Dancer kommen ebenso auf ihre Kosten wie zuweilen Lassowerfer und Bullenreiter, wenn hier und da mal ein außerordentliches Festchen abgehalten wird.

Für gewöhnlich öffnet die Ranch ihre Pforten immer freitags für die Öffentlichkeit. Ein Ausflug lohnt sich allemal. Zuvor unbedingt den Busfahrplan konsultieren – nicht, dass die Rückreise dann zu einem außerplanmäßigen Abenteuer gerät …

Bighorn Ranch
Birnthon 24
90475 Nürnberg-
Birnthon

Tel. 09 11/2 54 45 02
www.bighorn-ranch.de
Fr 19.00–1.00
Birnthon West: Bus 59

68. Die große Radtour-Schikane

Steinbrüchlein
Am Steinbrüchlein 20
90455 Nürnberg

Tel. 09 11/48 09 40 00
www.steinbruechlein
-biergarten.de
März–Okt Di–So
ab 10.00
Juni–Aug tägl. ab 10.00
Steinbrüchlein: Bus 52

Was wollte man nicht wieder für einen großartigen Fahrradausflug machen! Die Taschen gepackt, die Reifen nicht minder prall gefüllt, schwang man sich auf seinen Drahtesel, um mit großen Plänen die Stadt südwärts zu verlassen und, dem alten Kanal folgend, frühestens am gut zehn Kilometer entfernten Brückkanal Halt zu machen und ordnungsgemäß zu jausen. Allein, es liegt eine Falle auf der Route, und die schnappt nur zu gerne zu. Denn nach irrsinnig anstrengenden gefühlten 17 Kilometern (die in Wahrheit eher so rund sechs betragen, vom Zentrum gemessen) lauert es unversehens an der Strecke: das *Steinbrüchlein*. Genauer gesagt: der hier ansässige Biergarten.

In nachgerade unverschämt romantischem Gewand zwischen urig und bewaldet zwingt sich eine Rast sozusagen auf. Nichts zu spüren vom Trubel der unweit gelegenen Haupt- und Fernstraßen, dafür Bierbänke, namensgebendes Getränk und Brotzeiten, deren Abholbereitschaft schnarrend aus dem zugehörigen Fenster verkündet wird. Die Gastwirtschaft ist freilich nicht frei von Historie: Im Jahr 1302 erstmals urkundlich erwähnt, wurde das »Stabrüchla« im 17. Jahrhundert als Versorgungsstelle der im Reichswald angesiedelten Arbeiter des nahen Steinbruchs errichtet. Damals wie heute kümmert man sich um die Verköstigung erschöpfter Menschen – mit dem Unterschied, dass der Anteil schwer schuftender Bildhauer, Burg-Restauratoren und Steinbrecher heutzutage wohl als eher gering eingestuft werden darf.

Unweit der Gastronomie befindet sich außerdem der Zugang zu einem etwas aktiveren Naherholungsgebiet. Neben dem Wald als solchem nämlich liegen ein Naturlehrpfad sowie der Waldspielplatz, auf dem sich zumindest die Kinder austoben können, derweil die Großen ihrer Faulheit frönen. Beiden gemein dürfte wohl sein, dass sie sich hernach für den weisen Entschluss gratulieren, nicht die lange Strecke in Angriff genommen zu haben – und den heiligen Eid zu leisten, beim nächsten Mal dann aber ganz sicher … Schon recht.

69. Subtitle? What means Subtitle?

Im März 2013 ging hörbar ein Aufatmen durch die Stadt. Schulklassen und Lehrerverbände, Exilanten und »Zugreiste«, Kultur- und Sprachbewahrer, Intellektuelle und Anglophile – sie alle waren gerade noch mal mit dem Schrecken davongekommen. Das *Roxy* war gerettet, hatte dem Druck der kinomogulen Konkurrenz standhalten können und sollte fürderhin das cineastische Leben der Stadt weiter bereichern dürfen.

Das *Roxy* Kino ist nicht nur eines der ältesten seiner Art, sondern zudem das einzige, das beinahe ausschließlich Filme in der englischsprachigen Originalversion zeigt. Gelobt für sein intim-gemütliches Ambiente, kann das vergleichsweise kleine Kino seit der Aufhübschung als *Roxy Renaissance Cinema* wieder fröhlich tun, was es seit 1950 tun muss: Als Nachbarschaftstreffpunkt funktionieren und die Tradition der Gründerfamilie weiterführen, anspruchsvolle Filme für alle Altersgruppen zu zeigen. Von nachdenklich über intensiv bis fröhlich findet sich für Alt bis Jung stets etwas im aktuell gehaltenen Programm, das zudem an verschiedenen Nachmittagen um deutschsprachige Filme ergänzt wird.

Vorkenntnisse sind freilich von Nutzen, um den Sprachgenuss in Gänze erleben zu können, doch »little strokes fell great oaks«, wie der Connaisseur weiß, und so gerät es sicher auch für Sprachbeginner zum Erfolgserlebnis, festzustellen, dass sich nach und nach der Unverständniswald immer weiter lichtet. Manch ein solcherart Bekehrter soll hier und dort gesichtet und belauscht worden sein, wie er schwingende Reden hielt über die Vorzüge des Originalfilms und das Niewiedersynchronisiert-schauenwerdens …

Roxy Renaissance Cinema
Julius-Loßmann-Straße 116
90469 Nürnberg

Tel. 09 11/4 88 40
www.roxy-renaissance-cinema.de
tägl. ab einer halben Stunde vor der ersten Vorstellung
Südfriedhof: Straßenbahn 5

Tipp: Gegenüber befindet sich mit dem Südfriedhof ein ehrwürdiger und weitläufiger Ruheort, in dem zwar nicht wie in Wien üblich gepicknickt, dafür aber durchaus spazieren gegangen werden darf.
www.nuernberg.de/internet/friedhofsverwaltung

70. Spielplatz für alle Generationen

Generationenübergreifender Spielplatz in Eibach
Hinterhofstraße
90451 Nürnberg

www.nuernberg.de/
internet/sportservice/
bewegungsparks
ganzjährig kostenlos
zugänglich
Eibach Mitte: Bus 61, 62

Tipp: In den sechs
Bewegungsparks (Eibach,
Erlenstegen, Stadtpark,
Pegnitztal-West, Lang-
wasser, Reichelsdorf)
finden über den Sommer
verteilt kostenlose
Mitmachangebote von
ausgebildeten Übungs-
leitern statt. Infos über
die Webseite oder unter
Tel. 09 11/23 11 05 65

Ein Spielplatz ist ein Bewegungspark ist ein Actionparcours. Man mag es nennen, wie man will, am Ende bleibt sich doch alles gleich. Es geht um Balance und Fitness, Beweglichkeit und – Spaß. Und nirgends steht geschrieben, dass derlei Betätigung einzig den laufenden Metern unserer Welt vorbehalten ist. Allein, man tut's irgendwie nicht, sich als erwachsener Mensch auf Wippen zu werfen und über Stangen zu tasten. Vielleicht aus Sorge, man fiele daraufhin einer eifrigen Übermutter zum Opfer oder sonst wem zum Gespött.

Deswegen gibt es in Nürnberg eigens eingerichtete »Bewegungsparks«, die sich mit ihren Trainingsgeräten für Kräftigung oder Gleichgewicht zumal bei älteren Menschen wachsender Beliebtheit erfreuen. Selbstverständlich stehen diese beispielsweise im *Stadtpark*, in Reichelsdorf oder Langwasser zu findenden Areale allen Generationen zur Verfügung.

Am deutlichsten wird das in Eibach. Hier heißt die 2006 installierte Einrichtung nämlich *Generationenübergreifender Spielplatz*. Stabile Holzgerüste, kleine Kletterstege, verschiedene Spiel- und Turngeräte ergänzen das zwergentypische Angebot um ein für Erwachsene, Senioren und behinderte Menschen geeignetes, sodass sich der Platz mittlerweile zu einem Treffpunkt für Jung und Alt und überhaupt alle entwickelt hat, die sich gern ein bisschen an der frischen Luft bewegen. Es muss ja nicht immer gleich die Überschlagschaukel sein.

71. Stand Up Paddling – einmal Amazonas und zurück

Wer in unseren Gefilden »Hawaii« und »Trendsport« hört, der denkt sich im Zweifel erst mal: Och nöö, was soll das denn wieder? Hula-Hoop und Blumenketten, beides zu tragen auf irgendeiner wackligen Konstruktion in schwindelerregender Höhe?

Nun, ganz falsch ist der Gedanke nicht, und dennoch weit gefehlt. Das Einzige, was auf »Stand Up Paddling« zutrifft, ist, dass es schon ein bisschen instabil ist, das speziell angefertigte Surfbrett, auf dem man stehend ein Gewässer entlangpaddelt. Doch gerade das qualifiziert diesen Sport dazu, als nicht nur sehr freudbringend zu gelten, sondern auch als ein höchst effektives, schonendes Ganzkörpertraining. Die »archaischste Form des Surfens« kann an verschiedenen Stellen auch in Nürnberg ausgeübt werden – Wasser hat's ja dankenswerterweise mehr als ausreichend.

Die Vorreiter dieser spaßbringenden wie körperbeherrschungsfördernden Unternehmung nennen sich *Boardnerds* und bieten das Gepaddle ganz im Süden der Stadt an (woraus man natürlich bitte nicht auf entsprechend klimatische Bedingungen rückschließen möge), nämlich in Mühlhof, wo die schöne Rednitz entlang- und hindurchplätschert und sich ihren Weg durch den Vorstadtdschungel bahnt. Leihen kann man alles Zubehör vor Ort, mitzubringen sind lediglich Schwimmsachen, eine gewisse Grundkondition, gute Schwimmkenntnisse und, wie es heißt, »ein positives Gefühl zu Wasser«. Gerne auch zu sehr kaltem.

Boardnerds
Mühlhofer Hauptstraße 7
90453 Nürnberg

Tel. 09 11/21 67 98 57
www.boardnerds.de
Mitte Apr–Mitte Sep
Mo–Fr 16.00–20.00
Sa 10.00–20.00
sowie nach Vereinbarung
Mühlhof: Bus 61, 82

72. Es gibt kein falsches Wetter, nur falsche Hallen

Kickfabrik
City Soccer Nürnberg
Ferdinandstraße 21–23
90429 Nürnberg

Tel. 09 11/32 23 98 68
www.kickfabrik.com
Mo–Fr 12.00–0.00
Sa–So und Fei 10.00–
0.00
sowie nach Vereinbarung
Reservierung
empfehlenswert!
Muggenhof: U1

Es soll ja so Schönwettersportler geben. Nicht, dass man diesen Gerüchten Glauben schenken müsste, keinesfalls! Aber sollte an denen wirklich was dran sein, nun, dann steht eine Einrichtung bereit: die *Kickfabrik*. Stolze 5000 Quadratmeter, verteilt auf zwei Hallen und insgesamt sieben sogenannte »Courts«, also Fußballfelder, die dann auch noch in unterschiedlichen Größen daherkommen und »Energy«, »Winner« und »Master« heißen, versprechen großen Kickspaß für Gruppen zwischen sechs und zwölf Spielern.

Wen es nach mehr Abwechslung verlangt, der wird sich freuen über den Umstand, dass anderen Ballsportarten wie Volleyball, Badminton oder Fußballtennis (!) nichts im Wege steht, sind doch die Courts zum Teil multifunktional ausgestattet. Dass auch die sonstige Ausstattung höchsten Qualitätsanforderungen entspricht, versteht sich von selbst.

Zum Areal gehört neben Soccerlounge und Sportsbar mit kleiner Außenfläche zudem eine Indoor-Minigolfanlage. Die kann man dann bespielen, wenn die müden Knochen doch mal zu sehr schmerzen, der Kindergeburtstag nach dem wilden Treiben noch ein bisschen geruhsamer ausklingen soll oder es schlichtweg draußen derart greislich ist, dass beim besten Willen auch der sprichwörtliche Hund dort nichts verloren hat.

Wer's als kleiner Mensch zu was Größerem bringen will, der kann im Rahmen der Kickakademie an seinem Talent schnitzen. Das Projekt *Kickfabrik* wurde von einer Truppe Fußballverrückter frei nach dem Motto »Fußball ist unser Leben, Fußball regiert die Welt. Wir kämpfen und geben alles, bis dann ein Tor nach dem anderen fällt« realisiert und seitdem mit großer Hingabe gepflegt. Solcherart gut aufgehoben könnte es durchaus passieren, dass die Ach-so-Wetterfesten einen gewissen Neid nicht unterdrücken können, wenn sie dann bis zu den Ellbogen im Matsch staksen oder an der durchgefrorenen Muskelzerrung laborieren. Aber gut. Jeder, wie er mag.

73. Nase rein in den kreativen Schaffenstopf!

Als Elektrolux 2005 die Schließung des Nürnberger Haushaltsgeräte-Werkes an der Fürther Straße bekanntgab, war das Entsetzen naturgemäß groß. Wenngleich nicht von langer Dauer. Seitdem eine Investitionsgesellschaft sich nur wenige Jahre später des riesigen Areals annahm und dessen Revitalisierung startete, hat sich aus dem Gelände mit unbestreitbar feinem Industrie-Charme ein fröhlich-organisches System entwickelt.

Neben angesiedelter Industrie, Büros, Handel und Showrooms und der ein oder anderen gastronomischen Erscheinung sind es aber vor allem Kunst, Subkultur und alternative Projekte, die hier eine neue Schaffenswelt entdeckt haben. So findet sich mit dem »FabLab« eine Einrichtung, die beispielsweise im Rahmen des »Repair Cafés« anbietet, in lockerer Atmosphäre unter professionell-kreativer Anleitung Gegenstände zu reanimieren statt dem Müll zu übereignen, und ansonsten mit Rat, Tat und Gerät zur Seite steht, allerlei technische Ideen zu verwirklichen.

Von dem sehr bunten Treiben rund um die drei überdimensionalen Buchstabenrelikte bekommt die

Offen auf AEG
Fürther Straße 244–254
bzw. Muggenhofer
Straße 132/135
90429 Nürnberg

Tel. 09 11/3 26 09 00
www.aufaeg.de
Ein Sa und So Mitte Sep
Eberhardshof: U1

Tipp: Auf der anderen Seite der überirdischen U-Bahn befindet sich mit dem ehemaligen Versandhaus Quelle die über viele Jahre hinweg vieldiskutierte, weil »Deutschlands zweitgrößte leerstehende Immobilie«!

breite Mehrheit selten Wind. Das ändert sich schlagartig, sobald *Offen auf AEG* zum Besichtigungstermin lädt. Ein Tag der Offenen Tür im wahrsten Wortsinne, bietet sich am jeweilgen Herbstwochenende doch nicht nur die Gelegenheit, Ausstellungen und Werkschauen zu begutachten, sondern den Künstlern unterschiedlichster Profession über die Schulter und direkt in den Schaffenstopf hineinzuschauen und nebenbei noch den ein oder anderen Punkt des Rahmenprogramms mitzunehmen. Es empfiehlt sich, ausreichend Zeit einzuplanen und gutes Schuhwerk zu tragen, immerhin umfasst die Gesamtfläche des Fabrikareals 168.000 Quadratmeter, auf denen es treppauf, treppab und hüben wie drüben reichlich zu entdecken gibt.

74. Volksmusik in anders

Folk im Park
Marienbergpark
90411 Nürnberg

www.folkimpark.com
ein Sa Ende Juli/Anfang
Aug ab 13.30
Tickets circa 23 Euro
Marienbuck oder Großreuth h. d. V.: Bus 46
Tucherhof: Bus 22

»Wo man singt, da lass dich ruhig nieder. Böse Menschen haben keine Lieder« – an und für sich reicht das schon, um dieses wunderbare kleine Festival zu charakterisieren, das seit 2011 von einer Handvoll Musikfreunde organisiert wird und eine von Jahr zu Jahr wachsende Menge nicht minder Musikbegeisterter in den Marienbergpark lockt, wobei die mit zuletzt über 1000 Besuchern beim besten Willen nicht mehr als »Handvoll« bezeichnet werden können.

Jetzt muss man sich dringend jedwede herkömmliche Volksmusik-Assoziation aus dem Kopf schlagen – vielmehr geht es hier um freilich gitarrenlastige, aber melodiös-gemäßigte, na ja, Popmusik bzw. deren internationale Vertreter, die das Orga-Team in Nürnbergs größte Grünanlage unweit des Flughafens bugsiert. Dort wird dann eine gemütlich-liebevolle Wohlfühloase installiert, in der sich Familien, Freundesgruppen oder Paare auf Decken oder, so ergattert, bereitstehenden Stühlen niederlassen und genießen. Das tun sie so nachdrücklich, dass auch sintflutartige Regenfälle, die der am frühen Nachmittag beginnenden Veranstaltung schon beschert waren, keinen Abbruch tun. Ist ja Sommer, der kluge Open-Air-Besucher hat mindestens einen Regensonnenschirm dabei, und für die weniger präparierten halten die Veranstalter Capes bereit, die das Publikum flugs in flatternde Wetterfahnen verwandeln. Doch es gilt, ans Gute im Wetter zu glauben!

Rings um die *Folk im Park*-Lauscher befindet sich ein wohlsortiertes Angebot heimischer Pizzabäcker, Sandwichbeleger und Kuchenzauberer, Kinderquatsch und nasser Abkühlmöglichkeiten (innerer wie äußerer), und ansonsten lehne man sich einfach zurück oder tanze, genieße Atmosphäre und Musik und überlege sich (optimalerweise schon im Vorfeld), ob ausreichend Klamotte im Gepäck ist, um den traditionell im Anschluss ans letzte Konzert dargebotenen Film schadlos zu überstehen. So oder so sei die Anfahrt mit dem Fahrrad dringend empfohlen – wer sich dabei ein bisschen ungeschickt anstellt, kommt zusätzlich auch noch in den Genuss einer Entdeckungstour durch den über einen Quadratkilometer großen Volkspark und holt sich Inspirationen für das nächste Wochenende.

75. Abflug mit Delfin

Was haben ein Park im Viervierteltakt und ein Rave im Freien gemeinsam? Richtig: *Wolke 7*. Wenngleich man selbstverständlich auf keinen Fall »Rave« sagen darf, das ist schließlich 90er, Berlin, Müllabfuhrwesten, Plateauschuhe. Weit über die Milleniumsgrenze geschafft hat es aber das allgegenwärtige Motto »Liebe«, und die ist an einem Sommertag im Marienbergpark deutlich zu spüren – weit bevor man sie hört, bebt doch das Areal dank High-End-Anlage, dass es eine wahre Freude ist.

2011 wurde *Wolke 7* von hiesigen Vertretern der Szene aus dem im weitesten Sinne elektronischen Boden gestampft, um deren Jünger auf einen Tagesausflug genau dorthin mitzunehmen. Eben jene lokalen Plattenkünstler sind es dann auch, die

Wolke 7
Marienbergpark
90411 Nürnberg

Tel. 09 11/5 86 69 95
www.wolkesieben
-festival.de
Ein Sa im Juni/Juli
10.00–22.00
Tickets circa 30 Euro
Marienbuck oder Groß-
reuth h. d. V.: Bus 46
Tucherhof: Bus 22

Tipp: Seit 2014 gibt es ein weiteres Eintageselektrofestival, das sich wachsender Beliebtheit erfreut – sei es wegen der Örtlichkeit (Stadionbad) oder der Deko (Blumenwald). Die Sommerliebe hat gute Chancen, sich einen festen Platz im Eventkalender zu sichern www. sommerliebe-festival.de

das stolz geschwellte Line-Up aus deutschlandweit wie international bekannten Genremeistern vervollkommnen.

Bereits am Vormittag beginnt der Reigen auf zwei Areas, in denen die obligatorische Festival-Infrastruktur sorgsam mit allerlei gepolsterten Liegemöglichkeiten ergänzt wird. Denn der geneigte »Elektriker« weiß: Wir sind hier zwar zum Spaß, aber der geht Hand in Hand mit körperlicher Ertüchtigung, die zwischendurch nach einer Verschnaufpause verlangt. Deswegen finden sich über die Wiese verteilt freilich auch Decken und anderes Festivalzubehör, bei dem von der Blumenkette bis zum aufblasbaren Riesendelfin alles nicht nur seinen Platz hat, sondern die Szenerie prächtig ergänzt.

Sorgsam lenken die Künstler die Geschicke, sodass sich gegen Abend die Atmosphäre in eine Sinfonie aus Musik und Glücksrauschen hin steigert. Da hört man dann auch gar nicht mehr, wenn im Sonnenuntergang auch die letzte Verweigerungsmauer des ein oder anderen Protestanwesenden endlich bröckelt und er sich mit forttragen lässt dorthin, wo sich alle anderen rund 6000 schon längst befinden: auf *Wolke 7*.

76. Von abgebrannten Filmspulen und unhaltbaren Lachanfällen

Vier Wochen im Jahr verschmelzen Cineasten und Festivalfreunde zu einer homogenen Meute. Das *Sommernachtfilmfestival* ruft, und alle folgen! Spannenderweise zumeist ungeachtet des Wetters, das um diese Jahreszeit verflixt noch eins hinterhältig aufzutreten geruht. Aber – egal!

Seit in der → *Desi* (s. S. 53) vor rund sechs Jahrzehnten der erste Film im hauseigenen Freilichtareal gezeigt wurde, ist das Open-Air-Kino aus dem Veranstaltungskalender nicht mehr wegzudenken. Die Spielorte sind es, die das Erlebnis zu einem besonderen machen – so besonders, dass man gern auch mal bereits bekannte Filme noch mal anschaut, einzig der Atmosphäre wegen. Und die ist vor allem eins: vergnügt! Dabei konzentriert sich das Programm mitnichten auf komödiantischen Klamauk, sondern bietet eine wohlüberlegte Auswahl aller Genres.

Der *Desi*-Pionier gehört dabei nach wie vor zu den fixen Orten wie beispielsweise auch der Marienbergpark, der Krafft'sche Hof, das Tucherschloss oder der → *Tiergarten* (s. S. 79), bei dem dann unter Umständen schon mal ein Affen- oder Löwengebrüll den Special Effect liefern kann. Man konnte Filme schon im Tretboot dümpelnd auf dem Dutzendteich schauen, auf sonst unzugänglichen Parkhausdächern oder im Goldenen Saal der → *Zeppelintribüne* (s. S. 78). Das SNFF hält erfahrungsgemäß so ziemlich alles bereit: Großartige Sonnenuntergänge, abbrennende Filmspulen, Wälder aus Regenschirmen, unhaltbare Lachanfälle, Filme von Klassikern über Blockbuster bis Kultstreifen, und ist nicht zuletzt wegen der relativen Unplanbarkeit ein alljährliches Highlight des Sommers.

Apropos Kult: Unermüdlich präsentiert das Programm mit Macho Man einen Film, der wie kein zweiter die fränkische Filmwelt geprägt hat, sich jeglicher ernsthaften Herangehensweise mittels eines Roundhouse-Kicks geschickt zu entziehen weiß und für dessen traditionelle Vorstellung in der Katharinenruine die Karten schneller weg sind, als irgendjemand »Peter!« schreien kann. Ein Fest! Sommernachtfilmfest eben.

Sommernachtfilmfestival
Verschiedene wechselnde
Spielorte
z. B. Marienbergpark
90411 Nürnberg

www.
sommernachtfilmfestival.de
im Aug
Einlass meistens
ab 19.00

77. Latin.Flavoured.Nightlife

Club Fogon
Klingenhofstraße 56
90411 Nürnberg

www.fogon.de
Fr–Sa ab 22.00
Nordostbahnhof: U2

Clubs und Diskotheken gibt es freilich zuhauf – doch nur eine, in der allwochenendlich die Mär vom steifhüftigen Franken Lügen gestraft wird. So sehr, dass sich das *Fogon* bis weit über die Grenzen der Region einen Namen gemacht hat und solche Menschen anlockt, die Lateinamerikanisches in all seiner Couleur zu schätzen wissen. Und das im wahrsten Sinne des Wortes.

Seit 2006 ist die zweistöckige Spartendiskothek auf dem sogenannten »Klingenhof« beheimatet – ein Areal im Osten der Stadt, das unter anderem berühmt bis berüchtigt ist wegen diverser dort ansässiger Tanzlokale, die zuweilen ein munteres Bäumchen-wechsel-dich-Spiel zelebrieren. Im *Fogon* wird wenig gewechselt – außer vielleicht der Tanz-partner. Den braucht es nämlich dann doch irgend-wie schon, um bei Salsa, Merengue und Rumba so richtig in Hüftschwung zu kommen. Lackschuhe, weiße, weit aufgeknöpfte Hemden, rote Minis? I wo! Hier darf und kann jeder, und jeder darf, was er kann. Alt, jung, dick, dünn, Nationalität – egal. Bei all der Buntheit sind die Latinos freilich in der Mehrzahl, geben dem *Fogon* das typische Flair. Insgesamt betrachtet ist das Publikum hier jedoch so heterogen, dass es gewissermaßen schon wieder gar nicht mehr auffällt.

Während freitags nur eine Etage geöffnet ist, auf der zu einem schweren, treibenden Mix progressiver Latino-Musik geschwitzt wird, wird samstags auch unten aufgemacht – und damit die Bühne freige-geben für die Klassiker des lateinamerikanischen Tanzes. Vergleichsweise klein, bietet das *Fogon* Woche für Woche rund 500 Gästen Platz – gesetzt den Fall, sie finden hin. Denn vom Klingenhof muss man halt gehört haben, und vom *Fogon* erst recht, verweigert das doch grundsätzlich weitestgehend jedwede Werbung.

78. Wo die schönen Autos schlafen …

Wenn man's nicht weiß, ist man ganz schnell und achtlos vorbeigesaust an dieser Industrielandschaft im Osten der Stadt. Dabei müsste man nur einmal von der Straße abknicken, um sich mitten hinein zu begeben ins »Zentrum für mobile Classic«. Das ist nämlich das *Ofenwerk*, eine ehemalige Fabrikanlage aus dem frühen 20. Jahrhundert – und aus dieser Epoche stammen auch teils die bereiften Schmuckstücke, die hier eine zweite oder zeitweise Heimat finden.

Im *Ofenwerk* stehen gemütliche Oldtimer neben aggressiven Youngtimern, Cabrios neben Familienkutschen, Motorräder neben Rennautos und bilden zusammen einen einzigen automobilen Traum in viel Chrom. Und das Allerschönste ist: Die kann man einfach so anschauen. Zu den normalen Öffnungszeiten gewährt das Automuseum Zutritt für alle, die nicht nur irgendwas in den dort ansässigen Werkshallen zu schaffen haben oder einem der hier ebenfalls anzutreffenden Spezialisten für beispielsweise Sattlerei, Motorradzubehör oder Auto-Restauration einen Besuch abstatten wollen, sondern eben auch denjenigen, denen beim Anblick der auf insgesamt 1500 Quadratmeter Hallenfläche versammelten Krönungen der Automobilschöpfung ein Tränchen der Ehrfurcht die Wange hinabrinnt.

Die Autos selbst sind größtenteils Bestandteil des Auf- und Verkauf- sowie Einstellangebots des *Ofenwerks*, das zudem mit Informationen rund um die Kfz-Geschichte aufwartet. Und mit einer Gastronomie, dank derer man sozusagen inmitten der Schmuckstücke einen vergnüglichen Sonntagsbrunch (jeden 1. Sonntag im Monat) verleben kann. Womit man gewissermaßen zumindest ein kleines Stück näher ans Traumauto kommt …

Ofenwerk
Klingenhofstraße 72
90411 Nürnberg

Tel. 09 11/5 21 82 07
www.ofenwerk.de
Mo–Fr 9.00–19.00
Sa 10.00–18.00
So 11.00–17.00
Herrnhütte: U2
Bennostraße: Bus 23

79. Als Schweiß getarntes Weihwasser

Café Kraft
Gebertstraße 9
90411 Nürnberg

Tel. 09 11/73 61 20
www.cafekraft.de
Mo, Mi, Fr 11.00–23.00
Di, Do, Sa, So und Fei
9.00–23.00
Einsteigerkurse Mi
ab 18.00
Herrnhütte: U2
Sieboldstraße: Bus 22

Tipp: Noch mehr Kraft
gibt's beim anschließen-
den Jauseschmaus im
Café!

Klettern macht schön, Klettern macht sexy. Wer klettert, dem wehen die Haare im Höhenwind, der stählt den Körper ganzheitlich und überwindet Schweinehunde. So ist das. Wer aber immer, zu jeder Zeit und ohne mit der Wimper zu zucken, hinaussaust in die Fränkische, um sich dort an den viel gerühmten Wänden zu verlustieren, der ist entweder wetterresistent, mit einem gewissen Grad an Wahnsinn gesegnet oder derart blutiger Anfänger, dass er gar nicht weiß, was er da tut. Für alle anderen gibt es Boulderhallen, und eine davon ist das *Café Kraft*. Das hat mit Namensbestandteil eins nur so mittelviel zu tun, mit dem zweiten dafür umso mehr, denn schließlich soll man hier in geschütztem Rahmen primär eins tun: sich kräftigen, mental wie muskulär.

Das Gründungsansinnen 2010 lautete nach eigenen Aussagen, eine Boulderhalle zu schaffen, die der »Fränkischen« würdig ist. Auf 1650 Quadratmetern stehen auf circa 400 Routen 1000 Quadratmeter zum Aussteigen (»Top Out«) in allen Graden bereit, auf denen an saftigen Slopern, kratzigen Crimpern, Löchern, Zangengriffen, Unter- und Seitengriffen nicht nur Anfänger hangeln können, sondern selbstverständlich auch erfahrene und geschulte Klettermaxe und -maxinnen, die auch Neulinge mit Rat und Tat unterstützen.

Der Name der Halle ist als Reminiszenz an die Blütezeit der Kletterei zu verstehen, zu der sich der gleichnamige Treffpunkt der Szene im Pegnitztal befand – von Kurt Albert mit dem »Roten Punkt« bestückt, der das Freiklettern begründete. Norbert Sandler, Punktepinsler und Klettergefährte Alberts in den 1970er-Jahren, malte höchstselbst einen waschechten roten Punkt an den »Waldkopf« (eine der Kletterwände im *Café Kraft*) und adelte die Halle damit nicht weniger als zuvor Chris Sharma, der »sein als Schweiß getarntes Weihwasser« auf den Griffen verteilte. Doch bitte keine Angst vor großen Namen – hier trainieren nicht nur Weltmeister, sondern auch solche, die's mal werden wollen. Und

eben einfach die, denen es draußen zu ungemüt-
lich ist, um in Amateurhaltung an Glitscherfelsen
herumzurutschen.

80. Nix für Erbsenzähler

Imbissbuden sind unzeitgemäß, ungesund und
ganz und gar nicht en vogue? Denkste! Man muss
sie nur a) anders nennen und b) äußerlich wie
innerlich aufhübschen und c) das Angebot an die
anspruchsvolle Nachfrage anpassen. Und genau
das ist in den letzten Jahren in Nürnberg passiert,
das sich, wie so oft, als Nabel des Weltgeschehens
und Vorreiter verschiedenster Errungenschaften
hervortut.

Foodtrucks Nürnberg
Verschiedene wech-
selnde Standorte
z. B. Nordostpark
90411 Nürnberg

www.foodtrucks-
deutschland.de

Tipp: Bei den »Round-
Ups« gibt's alles in
Probiergrößen!

Die Anzahl sogenannter »Foodtrucks« formt
nicht nur das Stadtbild, sondern auch die Geschmäcker vor allem von denjenigen, die den Mittags-
hunger nicht länger mit dem »LKW« (das ist eine
hierzulande durchaus akzeptable Abkürzung für
die gute alte Leberkässemmel) oder »irgendwas vom
Bäcker« zum Schweigen bringen wollen.

Die *Foodtrucks* zeichnen sich dadurch aus, dass
sie stets an anderen Stellen zu finden sind, was
bereits die Abwechslung in der Menüfolge für die
Mittagesser mit sich bringt. Das jeweilige Angebot
der sorgsamen Essenszubereitungen ist dabei an
sich schon variantenreich genug. Auf beeindruckend wenig Raum geschieht anspruchsvolle Küche
zwischen Gegrilltem und Gedünstetem, Fleischi-
gem und Vegetarischem, Deftigem und Süßem, mit
Qualität zu schmalem Preis. Angefangen hat diese
moderne Form von »Essen auf Rädern« mit dem
bis heute schwer angesagten »RibWich-Truck«, der
gesmoktes Schwein und allerlei anderes in Brötchen
verkauft und sich u. a. dadurch auszeichnet, hurtig
kahl gefressen zu sein.

Unter den gefühlt 487 *Foodtrucks* befindet sich
auch einer, der gleichzeitig ein sehr schönes Inklu-
sionsprojekt darstellt. Der »Heimat«-Imbisswagen
ist auf Festivals, Stadtteilfesten und Kulturveran-
staltungen unterwegs, schmiert auf Wunsch Brote

mit leckeren Aufstrichen und verbindet nonchalant ganz nebenbei Spaß und Genuss mit Begegnungen zwischen Menschen mit und ohne Behinderung.

Ein- bis siebzehnmal im Jahr treffen sich alle Trucks an wechselnden Plätzen zum »RoundUp«, auf dass ein Überblick geboten werde, der selbstverständlich mit sehr viel Essen einhergeht. Einen Überblick bietet ansonsten auch seit Anfang 2015 die App *Foodtrucks Deutschland*, die es einem nur allzu leicht macht, auf einen Blick herauszufinden, wann sich wo welcher der Trucks gerade befindet. Fies, gewissermaßen …

81. Man sollte viel öfter »Scheladdi« sagen

Dolomiddi
fränkische
Eismanufaktur
Winner Zeile 31
90482 Nürnberg

Tel. 01 78/8 39 32 78
www.dolomiddi.de
März–Okt
10.30–18.00/21.30
Brandstraße: Bus 40

Tipp: Ein Laufamholz-Besuch wird ganz besonders rund, wenn man ihn am Pfingstwochenende absolviert. Dann steigt hier nämlich

Im Wiesengrund radeln zu gehen ist ungefähr immer eine fantastische Idee, stellt sich das Wasserschutzgebiet doch als verschlungener Pfad durch viel Flora und hier und da sogar ein bisschen Fauna dar. Vielen Menschen ist jedoch die Vorstellung ein Graus, irgendwo hinzuradeln oder -zuspazieren, um an einem x-beliebigen Punkt kehrtzumachen und, ohne mindestens die Welt gerettet zu haben, den Heimweg anzutreten.

Deswegen gibt es das *Dolomiddi* im beschaulichen Laufamholz'schen Speckgürtel. Na ja, vielleicht auch noch aus andren Gründen, aber das sei hintangestellt, denn das Einzige, was zählt, ist: Eis. Und zwar nicht irgendeins, sondern vor allem solches, das Freunden von allem, was nichts mit Schokovanilleerdbeer zu tun hat, die Geschmacksnerven in Vorfreude bitzeln lassen sollte. Hier gibt es nämlich Sorten wie Basilikum und Gurke, Rosmarin und Kürbiskernöl und Roter Pfeffer, dazu Kreationen wie Pralinen- oder Schwarzwälderkirscheis. Eine feine Mischung manufakorierter Sorten, unter denen man arg Schräges wie Bier-, Schnaps- oder Schäufele-Eis vergeblich sucht, dafür aber in puncto »vegan« und »antiallergen« fündig wird – so eine Schleckerei aus gerösteten Sonnenblumenkernen lässt sich doch gleich viel entspannter genießen, wenn nicht mit einer Explosion der Gesichtsfarbe zu rechnen ist. Neben diesen Köstlichkeiten, traditionell in Waffel oder Becher gereicht, oder erfrischenden Joghurtshakes bieten die *Dolomiddi*-Damen außerdem Eistorten an, die schon allein der Ästhetik wegen jedes Sommerfest erhellen.

So sitzt man also, vorzugsweise in der Abendsonne, auf dem Trottoir vor der winzigen Eisdiele neben dem → *Ritzingers* (s. S. 99), entdeckt, dass direkt vor der Nase in hübscher Regelmäßigkeit verheißungsvoll ein Bus vorbeifährt, entschließt sich dann aber doch heroisch, artig mit dem Rad zurückzufahren – schon allein, weil man ja dringend zu Beginn des östlichen Pegnitztals das alte »Hammerwerk« inspizieren und der Ruine des »Unterbürger Schlosses« einen Besuch abstatten wollte. Stimmt's?

auf dem »Kärwaplatz« eine typisch fränkisch-folkloristische Festivität, zu der man die Eingeborenen in charakteristischem Umfeld bewundern und sich unters ausgelassene Volk mischen kann.
www.laufamholz.info

82. Tafeln in der Puppenstube

Ganz arg lang gab's, sind wir mal ehrlich, für nicht in Laufamholz wohnende Menschen zumindest gastronomisch betrachtet nur so mittelviel Anlass, sich hinaus in den fernen Osten zu bewegen. Diese Nische wurde 2013 besetzt – und das so nonchalant, dass man direkt vergessen könnte, hier nicht immer schon von morgens bis spät abends glückliche Gesichter durch die Schaufenstern gesehen zu haben.

Glücklich sind diese aus multiplen Gründen. Erst mal macht das schon allein das Ambiente, das man am besten vielleicht als »Vintage-Puppenstube« bezeichnen könnte. Dann die offene Küche, in der man bei Bedarf alle Handgriffe verfolgen kann, mit denen die einzig aus der Region stammenden Zutaten zu feinen Speisen verarbeitet werden. Oder die Kinderspielecke, die zeigt, dass sich bei *Ritzingers* niemand Sorgen machen muss, man würde sich an quakendem Nachwuchs stören. Weiter geht's mit dem Frühstücksangebot, das zwar an sich nicht das Rad neu erfindet, mindestens aber sonntags mit dem wie auch immer

RITZINGERs
Winner Zeile 31
90482 Nürnberg

Tel. 09 11/96 44 66 66
www.ritzingers.de
Di-So 10.00–22.00
Brandstraße: Bus 40

begründeten Vorurteil aufräumt, es sträube sich des Franken Naturell zutiefst, Tisch und Bank mit Fremden zu teilen – und selbst wenn, dann erfährt er hier therapeutische Maßnahmen, nehmen doch sonntägliche Frühstücker an einer großen Tafel Platz, um sich dort alles gegenseitig zuzuwerfen, was das keine Wünsche (auch die ganz gesonderten) offen lassende Angebot bereit hält.

Ansonsten gibt's für hohe Ansprüche zu schmalem Preis Mittagsangebote, deren Karte genauso geschwind im Wochenturnus wechselt wie die für die Abende. Dort erhält man alles serviert, was das Schlemmerherz begehrt, jeweils in den Ausführungen mini, mittel oder groß, was in nachgerade sirenenartiger Wirkung dazu verführt, kurzerhand einmal alles zu bestellen. Darüber hinaus kann sich, wer mag, die Puppenküche im Zuge eines Koch-Events gleich abendeweise unter den Nagel reißen und sich in der Kochkunst unterrichten lassen. Sollten Zweifel ob der eigenen Fähigkeiten bestehen, nimmt man sich einfach für später zu Hause einfach ein Glas Irgendwashausgemachtes mit, mit dessen Hilfe die Zeit bis zum nächsten Besuch überbrückt werden kann.

83. Grüne Freizeitlunge

Pegnitzauen
Einstieg beispielsweise
östlich am Laufamholzer
Flusskraftwerk Hammer
90482 Nürnberg

Es mag ja verschiedene Städte geben, die ihr eigenes Naherholungsgebiet haben. Aber weil Nürnberg Stadt von Welt und damit in verschiedensten Bereichen Spitzenreiter ist, kann es gar nicht sein, dass irgendwo anders sich das Naherholungsgebiet dermaßen innerhalb der Stadt befindet, dass die Stadt selbst zu einem solchen wird. Klingt wirr? Ist aber so.

Das haben wir dieser Pegnitz zu verdanken, demjenigen Gewässer, das weit östlich als kleines plätscherndes Rinnsal beginnt, um sich zu einem zwar nicht reißenden, aber doch ansehnlichen Gewässer auszuwachsen, das 14 von insgesamt über 100 Kilometer Länge mitten durchs Stadtgebiet schiebt. Von Laufamholz im Osten beginnend befindet sich quasi links und rechts vom Fluss ein Wasser- und Naturschutzgebiet, das man ganz vorzüglich durchwandern oder -radeln oder auf dem Wasserweg befahren kann – letzterer ist bislang vom Eingeborenen merkwürdigerweise weitestgehend unerschlossen. Ist aber erlaubt, zumindest mit unmotorisierten Gefährten und bis zum Wöhrder See. Der ist nichts anderes als der aufgestaute Fluss selbst und bietet rundum allerlei Ersprießlichkeiten, die mit Bauziel Sanktnimmerleinstag eine etappenweise Optimierung erfahren.

oder westlich am
Lederersteg
90429 Nürnberg

www.nuernberg.de/
internet/umweltamt/
wassersport

Ungefähr das Einzige, was man hier lieber nicht tut, ist zu grillen, da streng verboten. Das gilt auch für die Wöhrder Wiese, eine riesengroße Lagerstätte zwischen Fuß- und Volleyballfeldern, lustigen Gauklern und Slacklinern, Kinderwagen und Freundeshorden, die praktischerweise mit einem eigenen Biergarten aufwarten kann. Ab ungefähr hier befindet man sich dann in der historischen Altstadt, die man bis auf eine winzig kleine Schikane am Hauptmarkt ebenfalls radelnd durchqueren kann, um sich auf Höhe → *Weißgerbergasse* (s. S. 11) und → *Schnepperschütz* (s. S. 57) wieder vom Fluss flankieren und durch die malerischen Quartiere schließlich auf die westlichen *Pegnitzauen* treiben zu lassen.

Hier ist weniger Naturschutz als beim östlichen Zwilling, weswegen im Sommer gern ein Grillduft über dem großen Areal mit direktem Zugang zum auf dieser Höhe wieder eher verführerisch plätschernden Fluss liegt. Betreten und Schwimmen ist selbstverständlich und hochoffiziell auch hier verboten, aber irgendwie muss man ja in sein Boot hineinkommen, wenn man die ab hier wieder geltende Erlaubnis zum »Befahren mit eigener Muskelkraft« nutzen möchte, gell?

Unter der Theodor-Heuss-Brücke hindurch geht's dann weiter und weiter immer am Fluss entlang, bis man sich unversehens in der »Westvorstadt« befindet. Die heißt laut Stadtplan »Fürth« und bietet hervorragenden Anlass, sich Gedanken über den Rückweg zu machen (oder eben nicht, bietet die sogenannte Denkmal- und Wissenschaftsstadt doch ebenfalls eine Vielzahl hübscher Anlaufpunkte. Wo? Ab Seite 106 schmökern und entdecken!).

Und vor der Bootstour lieber noch mal die genauen Gebiete und erlaubten Wasserwege ergründen – abgesehen von sich unerwartet in den Weg schmeißenden Wehren droht sonst womöglich eine ersprießliche Sonderfahrt mit dem stadteigenen Abschleppdienst.

Schienennetz
Nürnberg, Fürth

Stand: 1.1.2015

R 2 Erlangen Forchheim Bamberg Lichtenfels Schney

S 1 Erlangen Forchheim Bamberg

Vach

4

Thon

Bucher Str./ Nordring

Unterfarmbach Klinikum

Hardhöhe

U 1

Stadthalle

Juvenellstr.

Rathaus

6

U 3

R 1 Neustadt a. d. Aisch Kitzingen

Westfriedhof

Friedrich-Ebert-Platz

Kaulba plat

R12 Markt Erlbach

Jakobinen-str.

Julienstr.

Tiergärtnertor

Stadtgrenze

St. Johannis-friedhof

Muggenhof

Hallerstr.

Hallertor

Burgfarrnbach

Unterfürberg

Westvorstadt

U S R

Eberhardshof

Fürth Hauptbahnhof

R 11 R 12

Maximilianstr.

U 11

Bärenschanze

Obere Turnstr.

Dambach

Gostenhof

Plärrer

U Tram

Alte Veste

Rothenburger Str.

Kohlenhof

R 11 Zirndorf Cadolzburg

Sündersbühl

Steinbühl

Gustav-Adolf-Str.

U 3

St. Leonhard

Schweinau

Heynes

Stein

Land-grabenstr.

Unterasbach

Brehmstr.

S 4 Ansbach

Hohe Marter

Alemannenst

R 7 Ansbach Schnelldorf

Röthenbach

U 2

Sandreuth

Dianaplatz Lothringe

U 21

Gibitzenhof

Eibach

4

Reichelsdorf

Reichelsdorfer Keller

Katzwang

R 6 Schwabach Roth Pleinfeld Treuchtlingen

S 2 Schwaba Roth

VAG-Kundentelefon: 0911 283-4646
VAG im Internet: www.vag.de

U 21 Ziegelstein

Bus Herrnhütte P+R

R 21 Nordostbahnhof

Bus Schoppershof

Rennweg

Stresemann-platz

athenauplatz

Bus Deichslerstr.

ährder Wiese

Marientor

orenz-irche

Hauptbahnhof
U Tram Bus
S R
VAG
9

Marientunnel

Marienplatz
Dürrenhof

Tullnaupark

Scheurlstr.

Celtisplatz

Widhalmstr.

Hummelsteiner Weg

Aufseßplatz

Maffeiplatz

Schweigger-str.

Petterskirche

Wodanstr.

Holzgartenstr.

Frankenstr.

Hasenbuck

Bauernfeindstr. P+R

5 Messe

U 11

Langwasser Nord

Scharfreiterring

Worzeldorfer Str.

Langwasser Mitte

Gemeinschaftshaus

Langwasser Süd P+R

U 1

R21 R21 Eschenau Gräfenberg

R 3 Lauf (rechts Peg)
Hersbruck (rechts Peg)
Neuhaus (Pegnitz)
Bayreuth Hauptbahnhof

R31 Neunkirchen am Sand
Simmelsdorf-Hüttenbach

Erlenstegen 8

Platnersberg

Thumenberger Weg

Tauroggenstr.

Ostbahn-hof

Tafelhalle

R 4 Hersbruck (rechts Peg)
Hartmannshof
Neukirchen (b. S-R)
Amberg

Mögeldorf P+R

Lechnerstr.

Rehhof

Laufamholz P+R

Business Tower

Ostring

S 1 Lauf (links Peg)
Hersbruck (links Peg)
Hartmannshof

Marthastr.

Arminiusstr.

Balthasar-Neumann-Str.

Siedlerstr.

Gleißhammer

Tiergarten

5 Tiergarten Nürnberg

Harsdörffer-platz

Scharrerstr.

Fliegerstr./EWF

Dutzendteich

Frankenstadion

Fischbach P+R

Immel-mannstr.

Doku-Zentrum

6 9

S 2 Feucht Altdorf

Meister-singerhalle

Platz d. Opfer d. Faschismus

Luitpoldhain

S 3 Feucht Neumarkt

Tristanstr. 8

R 9 Allersberg (Rothsee)
Kinding (Altmühltal)

R 5 Neumarkt Parsberg

1. Eine Spazierfahrt im Nebel

Pegnitz/Wiesengrund
90762 Fürth

Stadtgrenze
und
Stadthalle: U1

Tipp: Wenn Sie den Fluss
überqueren, gelangen
Sie zum Stadtpark.
Das → Stadtparkcafé
(s. S. 114) eignet sich
sehr gut für eine Rast
oder ein Mittagessen.

Wer den dichten Straßenverkehr in Fürth und Nürnberg meiden will, kann ihn einfach umgehen. Und zwar auf schönen Wegen. Durch Alleen, vorbei an Wiesen und Feldern, immer am Flussufer entlang, verbindet der beliebte Pegnitzradweg Nürnberg und Fürth – und führt bis weit in die Landkreise der beiden Städte hinein.

Im Spätsommer steht abends der Nebel auf den Wiesen, die Spaziergänger werden zu Silhouetten. Es ist noch nicht zu frisch. Von der Stadtgrenze gelangen wir über die Uferstadt – das ehemalige Gelände der Grundigwerke – an den Fluss. Hier wenden wir uns nach Westen. Der Weg folgt den Windungen des Wassers. Riesige Pappeln überschatten die Wiesen. Rechter Hand führt ein Pfad zur kleinen Mainau und der Espanquelle mit ihrem schwefeligen Heilwasser. 1961 wurde die versteckte, schöne Parkanlage angelegt und wegen des milden Mikroklimas »kleine Mainau« getauft.

Im Sommer sieht man am gegenüberliegenden Ufer manchmal Lagerfeuer. Musik und fröhliche Gespräche klingen herüber. Den Sandstrand auf dieser Seite der *Pegnitz* erreicht man aber nur, wenn man über das Geländer des Holzsteges klettert und sich querfeldein durchs Gebüsch schlägt. Was aber vermutlich verboten ist.

Ein Stückchen weiter führt der Weg links am Stadtpark vorbei, rechts breiten sich die Flutwiesen aus. Hier kann man Störche, Enten und Hasen beobachten. Und Hunde, die fröhlich Letztere jagen. Blickt man zurück, sieht man den Pappelsteig, der den *Wiesengrund* in Richtung Fürth-Espan durchquert. In der aufgehenden Sonne stellt die Pappelreihe ein herrliches Fotomotiv dar.

Aber sehen wir lieber wieder nach vorne, denn hier bietet sich ein einmaliger Anblick: die Skyline von Fürth. Mitten aus dem üppigen Grün ragen der Rathausturm, die Ziegelfassade der Wolfsgrubermühle und der Turm von St. Michael in den Himmel. Passiert man die letzte Bogenbrücke, die noch in den Stadtpark und hinauf zum Stadttheater führt, gelangt man in den Jubiläumshain, der 2007 zum 1000-jährigen Jubiläum der Stadt angelegt wurde. Von den Kunstwerken, die den Hain damals noch schmückten, sieht man heute nichts mehr. Aber die damals gepflanzten Bäume bieten dem Naturliebhaber eine reiche Fülle. Schwarzpappel, Silberweide, Schwarzerle, Eberesche – um nur einige zu nennen. Ab hier wird der Weg wieder etwas nüchterner, bis man zum Friedhofsteg gelangt, den wir überqueren, um uns in Richtung Altstadt ein nettes Café für den Ausklang des Tages zu suchen.

Von der U-Bahn-Haltestelle Stadtgrenze gelangen Sie östlich über die Uferstadt zur *Pegnitz*.
Von westlicher Seite erreichen Sie den *Wiesengrund* von der U-Bahn-Haltestelle Stadthalle aus.

2. Stöbern und sich erinnern

Im *Sozialkaufhaus* geht es oft sehr geschäftig zu. Man wird freundlich begrüßt und beginnt, sich in das Gängelabyrinth zu schieben. Ein Schnäppchenjägergefühl stellt sich ein. Schnell hat man vergessen, wonach man ursprünglich suchen wollte. Aber das macht nichts. In den Regalen gibt es Tausende nützlicher Dinge, die nicht viel kosten. Auf 950 Quadratmetern Verkaufsfläche kann man alles erwerben: Winterreifen, Vorwerkstaubsauger, Teppiche, sich dazu noch modisch (oder unmodisch) einkleiden und einen guten Wein mit nach Hause nehmen. Zwei Regale voller edler Tropfen stehen neben der Tischwäsche und irritieren etwas. Warum kann man hier Wein kaufen? Man denkt an Nachlassräumungen, erschaudert kurz und legt die Flasche zurück.

Spezielle Kabel habe ich hier schon gefunden und gekauft. Einen passenden Deckel für meine Teekanne, nachdem der alte zerbrochen war. Schöne Bilderrahmen, manche noch mit lächelnden Gesichtern aus einer fremden Vergangenheit. Es riecht nach Reinigungsmitteln, man geht weiter. Da hinten: eine ganze Wand voller Kassetten – wunderbar

Soka Sozialkaufhaus
Leyher Straße 60
90763 Fürth

Tel. 09 11/2 85 12 01
www.soka-fuerth.de
Mo–Fr 10.00–19.00
Sa 9.00–15.00
Leyher Straße: Bus 177

für mein altes Autoradio und unerlässlich auf den langen Fahrten in den Süden im Sommer.

Aber man findet hier auch Schätze. Das Service aus Arzberg-Porzellan zum Beispiel oder den original Luchs-Messbecher aus Blech. Unten in der neuen Möbelausstellung stehen die Antiquitäten. Ein wunderschöner Jugendstilschrank, Kommoden mit edlen Messingbeschlägen, Marmorplatten, reich verzierte Spiegel und – höhere Preise. Aber immer noch fair, viel Gewinn macht das *Soka* mit diesen Schmuckstücken wohl nicht. Zumal das Team gegen geringen Aufpreis auch Möbel liefert, Entrümpelungen vornimmt und gut erhaltene Waren kostenlos abholt.

Ich verliere mich im Träumen bei all den schönen Möbelstücken, verliebe mich in einen bezahlbaren Sekretär, bis mir die pausenlose Dauerbeschallung mit Radio Energy doch ins Bewusstsein und in die Füße dringt. Also mache ich mich wieder auf den Weg. Beladen mit schönem Plunder (einem Sieb und keiner einzigen Sache, die auf meiner Einkaufsliste stand) sperre ich mein Auto auf. Und dann gehe ich doch noch mal zurück. Eines habe ich vergessen: Ich kaufe einen von den grausigen Totenweinen. Den teuersten, für meinen Chef zur Firmenfeier.

3. Der letzte Kaffee vor der Stadtgrenze

Kiosk 762
Hornschuch-
promenade 20a
90762 Fürth

»Was ist eigentlich das Besondere an diesem Ort?«, frage ich das Mädchen, das bequem an einem der Stehtische lehnt, genüsslich seinen Kaffee schlürft und öfter hier zu sein scheint. Sie nickt nur knapp hinüber zu Christian Silvio, der schon wieder einen neuen Kunden anlächelt. »Er«, antwortet sie.

Christian Silvio, der Betreiber des *Kiosk 762*, ist gelernter Betriebswirt. In dem Häuschen an der U-Bahn-Haltestelle Jakobinenstraße war bereits in den 20er-Jahren ein Kiosk beheimatet, in Zeiten, als noch die Straßenbahn zwischen Fürth und Nürnberg verkehrte. 2012 hat Silvio die fast untergegangene Fürther Kioskkultur wieder aufleben lassen. Dem kleinen Gebäude hat er bei der

Renovierung mit nostalgischem Augenzwinkern das Aussehen einer alten Straßenbahn verliehen. Bei Silvio bekommt man nicht nur Kaffee und kleine Snacks, sondern auch Kindheitserinnerungen in Form von Mohrenkopfweckla, Kaugummizigaretten und Leckmuscheln.

Im Sommer teilt sich der Betreiber ein paar gemütliche Tische mit der Bäckerei Barbante gegenüber. Das passt gut zur Philosophie des energischen Unternehmers: Teilen, Kommunizieren, Gemeinschaft. Der *Kiosk* ist für ihn mehr als nur ein kleiner Laden. Die meisten seiner Kunden kennt er mit Namen, und was sie wollen, kriegen sie meist ohne es aussprechen zu müssen. Christian hat hier in der Nähe der Stadtgrenze ein kleines öffentliches Wohnzimmer geschaffen. Und noch mehr: Es ist fast schwer, mit ihm nicht ins Gespräch zu kommen, denn er sieht den *Kiosk* als Kommunikationszentrale. Wer etwas braucht, wer etwas anzubieten hat, kann es ihm sagen, Christian gibt es weiter.

»Warum heißt dein Kiosk eigentlich 762?«, frage ich Christian. Er lächelt verschmitzt und antwortet: »Damit mich die Leute danach fragen.«

Na, dann fragen Sie mal.

Mo–Fr 7.00–20.00
Sa 8.00–20.00
Jakobinenstraße: U1
oder Bus 112, 173, 174

4. Lebensweisheit inklusive

Bei einem Spaziergang durch die *Königswarterstraße*, die *Hornschuchpromenade* und schließlich die *Willy-Brand-Anlage* könnte man eine längere Tour vermuten. Das ist aber zum Glück nicht so. Denn bei den drei wohlklingenden Namen handelt es sich – zumindest was den sehenswerten Teil betrifft – um eine einzige, schöne Allee im Fürther Osten. Lohnenswert wird sie ab der Ecke Luisenstraße, wo ein kleiner, tiefer gelegener Park zum Ausruhen einlädt. Auf den Bänken rings um ein gepflegtes Karree kann man den Blick entweder auf die in allen Farben blühende Flora wenden oder aber sich nostalgischen Empfindungen hingeben und die prachtvollen historistischen Fassaden betrachten. Gestaltet wurden sie größtenteils von

Hornschuchpromenade,
Königswarterstraße,
Willy-Brand-Anlage
90762 Fürth

Jakobinenstraße
und
Hauptbahnhof: U1

Café Barbante
Jakobinenstraße 6
90762 Fürth
Tel. 09 11/70 53 75
Di–Fr 6.45–18.00
Sa 6.45–17.00
So und Fei 10.00–17.00

Tipp: Verbinden Sie das Angenehme mit dem noch Angenehmeren und gönnen Sie sich nach dem Spaziergang einen Kaffee und ein Croissant vom Spitzenbäcker Barbante.

den Architekten Adam Egerer und Fritz Walter und sind maßgeblich für den Charme der Straße (und den Preis der Wohnungen hinter den Fassaden. Aber gucken kostet ja nichts).

Die *Königswarterstraße* kann sich ebenfalls sehen lassen, obgleich sie nicht so berühmt ist wie ihre Schwester im Norden. Sie begrenzt die Allee auf der Südseite. Das Grüne in der Mitte heißt *Willy-Brand-Anlage*. Ein wenig polemisch könnte man sie auch die »Weinbrandanlage« nennen, denn auf den Bänken entlang der Wege trifft man durchaus manchmal Liebhaber geistiger Getränke. Hat man es nicht allzu eilig, kann man schnell mit ihnen ins Gespräch kommen. »Prost!«, rufen mir zwei etwas heruntergekommene Herren zu, die eine der Bänke zu bewohnen scheinen, als ich bei herrlichem Wetter die Allee entlang nach Hause schlendere. Nachdem ich ihren Gruß erwidert und mich leicht eingeschüchtert entschuldigt habe, dass ich nur mit Limonade mein Glas erheben könne, werde ich philosophisch belehrt: »Ma stößt ned mit am Algohol an, sondern ma stößt mit am Menschen an!« Na dann Prost!

5. Kunst im Fürther Underground

Gastspiel
Verschiedene
Veranstaltungsorte

Ein Sa und So Mitte Okt
www.kulturringc.de

In seinem Roman *Theophilus North* stellte Thornton Wilder fest, dass die Stadt Newport »... sich aus neun Städten zusammensetzte, einige waren übereinander gelagert, jede war auf ihre Weise schön«. Das Gleiche denke ich manchmal über Fürth, weil es so viele verschiedene Gesichter hat und immer wieder mit seiner Vielfalt überrascht. Das ungeschminkte, verlebte und auch recht traurige Gesicht zum Beispiel sieht einen an, wenn man durch das aufgegebene → *City-Center* (s. S. 117) schlendert. Eine moderne, energische und auch recht oberflächliche Miene zeigt die Stadt in ihrer Neuen Mitte, ja, sie erscheint dann sogar etwas gesichtslos. Natürlich liebt man am meisten das Antlitz der Altstadt, ein Bauerngesicht, alt und ehrlich, von

Arbeit zerfurcht, aber verschmitzt lächelnd.

An einem schönen Herbstwochenende überraschte mich eine weitere Schicht von Fürth: Das Fürth der Künstler. Der Kulturring C, ein Verbund bildender Künstler, organisiert jeden Herbst das *Gastspiel*. In über 39 Ateliers und Werkstätten stellen dann bis zu 100 Künstler ihre Werke aus und erzählen von ihrer Arbeit.

Bunte Wimpel stehen überall in der Stadt vor versteckten Hauseingängen, verwilderten Innenhöfen oder großen Hallen. Sie leiten die Besucher in die reichhaltige Fürther Kunstszene. Gemälde, Plastiken, Objektkunst – und immer die Künstler selber, die Menschen dahinter, mit denen man ins Gespräch kommen kann.

Die Ateliers der Künstler kann man nicht nur zum *Gastspiel* besuchen, viele sind auch ganzjährig geöffnet. Wie zum Beispiel die *A.Theke*. Hier, so kündigt eine leuchtende Reklametafel an, gebe es gesunde Kunst. Der Graphiker und Maler Anders Möhl bewohnt in der Nürnberger Straße 38 (Ecke Luisenstraße) eine ehemalige Apotheke. Er lebt und arbeitet in den stil- und stimmungsvollen Räumen und stellt in ihnen aus. Seine Bilder sind durchaus ein wenig derb, und auch der augenzwinkernde Humor fehlt nicht. Eigentlich typisch fränkisch, obwohl der Künstler aus Hessen stammt.

Der Malerin Anette du Mont begegnet man im wahrscheinlich schönsten Atelier der Stadt. Betritt man den Hinterhof der Blumenstraße 33 mitten in der Innenstadt, ahnt man nicht, dass sich darin eine ehemalige Kirche befindet. Das um 1920 erbaute Gotteshaus drängt sich – fast ein wenig schüchtern – in einen Winkel der efeubewachsenen Mauern. Durch hohe Bogenfenster fällt sanftes Licht in den Saal und auf die Staffeleien, an denen nicht immer nur die Künstlerin selbst arbeitet. Denn Anette du Mont leitet auch eine kleine Malschule. Da gibt es »Ottilie, die Kindermalstunde«, sowie zahlreiche Workshops für Erwachsene wie das Freitagsatelier. Alle zwei Wochen aber werden die Pinsel und Paletten aufgeräumt. Dann stehen kleine Tischchen mit roten Samtdecken um eine Tanzfläche herum,

A.theke
Nürnberger Straße 38
90762 Fürth
www.andersmoehl.de

Anette du Mont
Blumenstraße 33
90762 Fürth
Tel. 09 11/4 90 86 90
www.anettedumont.de

und in der alten Kirche wird Tango getanzt.

Neugierig geworden? Dann sehen wir uns wieder zum nächsten *Gastspiel*.

6. Unendlich lange Vormittage

Stadtparkcafé
Engelhardstraße 20
90762 Fürth

Tel. 09 11/7 41 88 84
www.
stadtparkcafefuerth.de
Tägl. 9.00–23.00
Fürther Freiheit:
173, 174, 177, 178, 179

»Wohin führen Sie einen Gast, der zum ersten Mal die Stadt Fürth besucht?«, heißt es jeden Freitag in den *Fürther Nachrichten*, wenn Kulturschaffende der Stadt Auskunft geben über ihr Leben, ihre Arbeit und ihr Verhältnis zur Kleeblattstadt. Viele antworten: »Ins *Stadtparkcafé*.« Warum auch nicht? Im Sommer schlendert man durch den blühenden Rosengarten auf die ehemalige Milchgaststätte zu, im Winter zeichnen sich die kahlen Äste der Bäume scharf gegen den Himmel ab, und am Ende des Weges wartet ein frisches Bier zum Abkühlen oder eine heiße Schokolade zum Aufwärmen, je nachdem.

Allzu eilig sollte es der nicht haben, der sich im Gastraum oder auf der Terrasse niederlässt, wo es im Sommer schon einmal sehr voll und geschäftig wird. Aber dafür ist man ja hier, um in Ruhe etwas zu trinken oder zu essen, Freunde zu treffen oder die Schauspieler zu interviewen, die im benachbarten Freilichttheater auftreten. Hinter den großen Fenstern liegt ein Panorama, das nie an Reiz verliert, das in jeder Jahreszeit schön ist: Der eckige Turm der Auferstehungskirche am Eingang des Stadtparks, die schön gestalteten Beete des einstigen Landesgartenschau-Areals, die Wiese, auf der im Sommer Kinder spielen, Brautpaare sich fotografieren lassen, ein Boule-Spiel stattfindet. Wenn es Abend wird, entflammen die Lichter in den Springbrunnen und verschönern die späte Sommerdunkelheit, während ein Blatt aus der Kastanie über den Tischen herunterfällt und in einem Bierglas landet. Beim Sonntagsbrunch tauschen Freundinnen Neuigkeiten aus, während am Nachbartisch ein runder Geburtstag gefeiert wird. Eine Katze streicht zwischen den Beinen der Gäste herum, und im Ofen brennt an kalten Tagen ein Feuer.

»Darf's noch was sein?« Ich überlege und bestelle einen Yogitee. Der kommt mit kleinen Weisheiten auf den Teebeutelschildern, die manchmal so abstrus sind, dass sie schon wieder Sammelleidenschaften wecken. »Alles Wissen ist in dir.« Wenn das kein entspannender Gedanke ist. Im Verbund mit dem Kaminfeuer, dem Anblick des Stadtparks und der ruhigen Sonntagvormittagsatmosphäre im Café dehnt sich plötzlich die Zeit, die sonst vorbeirast, zu einem Moment der Unendlichkeit.

7. Noch einmal feiern vor dem Winter

Ganz Fürth riecht nach Jahrmarkt. Parkplätze sind keine mehr zu finden. Der Rathausturm leuchtet mit Hunderten von Glühbirnen wie ein Modellbauturm in den Abend hinein. Bevor der Herbst kommt und sein fahles Licht über die Gemüter gießt, wird noch einmal gefeiert.

Im Oktober ist die Innenstadt für zwei Wochen dem Vergnügen gewidmet. Die *Fürther Michaelis-Kirchweih* ist die größte Straßenkirchweih Bayerns; schon seit dem Jahr 1100 wird das Weihefest in Fürth gefeiert. Inzwischen erstreckt sich die Budenstadt aber nicht mehr nur über den Vorplatz

Michaelis-Kirchweih
Innenstadt
z. B. Fürther Freiheit
90762 Fürth

www.michaelis
-kirchweih.de
Ende Sep/Anfang Okt
Mo-Sa 10.00–23.00
So und Fei 11.00–23.00

Hauptbahnhof oder
Rathaus: U1 oder Bus
(die meisten Linien)

der Michaelskirche, sondern vom Rathaus über die ganze Königstraße bis weit über die Fürther Freiheit hinaus – mit waghalsigen Fahrgeschäften und duftenden Süßigkeiten. Das Angebot ist vielfältig.

Seit 1817 findet der traditionelle Erntedankfestzug statt, der dem weltlichen Vergnügen vielleicht doch noch einen Hauch von Tiefe verleiht.

Selbst wenn man Volksfeste nicht mag, lohnt sich die »Fürther Kärwa«: Es gibt kaum eine bessere Gelegenheit, um dem waschechten Franken aufs Maul zu schauen. Dazu bieten sich vor allem die wortgewandten fahrenden Händler an – allen voran das Urgestein, der Billige Jakob. Die Leute drängen sich um seinen Stand, um ihm die Socken und Wäscheklammern aus den Händen zu reißen – und um ihn reden zu hören. Schlendert man mit gespitzten Ohren weiter, schnappt man so manches auf, das einen schmunzeln lässt. »Die Kunststofffläche wird so sauber, dass im Sommer sogar die Fliegen darauf ausrutschen!«, erfährt man über ein einzigartiges Reinigungsmittel.

Wer es stiller mag, kann die Kirchweih auch vormittags erkunden – oder nach Mitternacht: Die Lichter sind erloschen, die Buden verrammelt, auf der Straße liegt noch ein wenig vergessener Müll des Tages. An einer der Hütten bleibt ein junger Mann stehen. Er ist angetrunken und etwas übermütig. Er sieht sich um, ob jemand da ist, dann reckt er sich auf die Zehenspitzen und dreht mit vorsichtigen Fingern das dünne Glas einer Glühbirne heraus, eine von den vielen, die den Stand umrahmen. Er steckt sie sich in die Tasche und torkelt davon. Vielleicht wollte er einfach nur ein wenig von diesem letzten Aufflackern vor dem Winter mit nach Hause nehmen, ein kleines Licht der grellen Festlichkeit für die dunklen Monate.

8. Friedhof für den Einzelhandel oder Immobilie mit Zukunft?

Wer in den 80er-Jahren in Fürth aufgewachsen ist, der hat vermutlich lebendige Kindheitserinnerungen an das *City-Center* in der Stadtmitte. Zum Beispiel an das *Eiscafé Gondola* genau im Herzen des Einkaufszentrums. Dort belohnte meine Mutter uns Kinder nach einem ausgiebigen Einkaufsbummel mit einer süßen Kleinigkeit für unsere Geduld. War uns langweilig, durften wir mit dem aufregenden Glasaufzug die Etagen abfahren – zum Leidwesen wartender Eltern mit Kinderwagen.

City-Center Fürth
Alexanderstraße 11
90762 Fürth

Eingänge auch Schwabacher Straße, Königstraße, Bäumenstraße, Tiefgarage über Königstraße erreichbar.

Rathaus: U1
Stadttheater: Bus 173, 174, 177, 178, 179

Für den Bau des riesigen Komplexes mit 26.000 Quadratmetern Einkaufsfläche musste die Altstadt 1985 einiges an alter Bausubstanz preisgeben. Unter anderem das Areal der Brauerei Geismann. Im Geismannsaal, der den Fürthern bis 1982 fast hundert Jahre lang als Versammlungs- und Festsaal diente, fanden bis zum Abriss unter anderem Konzerte, Kabarett, Sportereignisse, Bälle und die Eröffnung der → *Michaelis-Kirchweih* (s. S. 115) statt. Die Portalreste des ehemaligen Brauereisaals sieht man noch – eingezwängt in die schnörkellose Architektur der 80er-Jahre an der Ecke Hall- und Bäumenstraße.

Das besagte *Café Gondola* gibt es immer noch. Aber vielleicht ist es heute eine der letzten Bastionen des Einzelhandels im *City-Center*. Denn all die Geschäfte meiner Kindheit gibt es dort heute schon lange nicht mehr. Ein Spaziergang durch die Hallen kann durchaus gespenstisch wirken. Die Hälfte der Rolltreppen sowie der Glasaufzug sind außer Betrieb. Wo sind Leder-Scherneck, Juwelier Weigmann, Konditor Hussel, das Reformhaus, Schuh-Mengin, die Apotheke nur hin? Im Zuge der langen Rechtsstreitigkeiten mit einem der möglichen Investoren sind sie alle ausgezogen und haben leere Ladenflächen hinterlassen, die heute – aufgrund der ungewissen Zukunft – nur kurzfristig vermietet werden. Sagen wir es ehrlich: meist an Ramschläden. Dennoch gibt es noch Leben in dem weitläufigen Bau mit den Glaskuppeln, unter denen man früher auch bei schlechtem Wetter

Tipp: In der Bäumenstraße 30 finden Sie im Geismann's solide fränkische Küche.

träumend flanierte. Flohmärkte zum Beispiel. Oder das Kunstschaufenster ART gleich beim Ausgang Königstraße, in dem Fürther Künstlern eine Ausstellungsfläche geboten wird. Über Aktionen und Vernissagen informiert eine waschechte VAG-Bussäule, die Kunsthaltestelle.

Interessant ist auch die etwas morbide Tatsache, dass die Tiefgarage des *City-Centers* zum ABC-Bunker ausgebaut ist und im Notfall 5217 Personen Schutz bietet. Vielleicht, hoffentlich wird das *City-Center* wieder aufblühen. Aber bis dahin sollte man es sich nicht entgehen lassen, einmal hindurchzuspazieren. Um danach in einem kleinen, inhabergeführten Geschäft in der Altstadt ausgiebig einzukaufen.

9. Laubhütte und Mikwe – Eintauchen in Fürths jüdische Geschichte

Jüdisches Museum Franken
Königstraße 89
90762 Fürth

Tel. 09 11/9 77 48 53
www.juedisches
-museum.org
Di 10.00–20.00
Mi–So 10.00–17.00
Rathaus: U1 oder Bus
(die meisten Linien)

Cappuccino steht auf einem der dunklen Tische neben den großen Fenstern, drei Leute unterhalten sich leise; daneben geht jemand einige Unterlagen durch. An der Wand hängen Zeitungen: die *Fürther Nachrichten* und die *Jüdische Allgemeine*. Die Besucher im Café des *Jüdischen Museums* sind Lehrer des benachbarten Gymnasiums oder Angestellte des Kulturamtes im Rathaus, die dort bei einem Kaffee eine Pause oder Freistunde verbringen. Auch kosheren Wein gibt es und einen traditionellen Zitronenkuchen, den man unbedingt probiert haben sollte. Ein paar Meter entfernt blättert ein Besucher im Museumsshop in Büchern jüdischer Autoren, in Veröffentlichungen über jüdische Geschichte, Kunst und Politik.

Das *Jüdische Museum* in Fürth bietet mehr als nur Ausstellungsstücke und Infotafeln. Essen und trinken, lesen und reden – schon das kann (interkultureller) Dialog sein. Jenseits des Cafébereichs gibt es dann freilich Exponate, gibt es Infotafeln – über die wechselhafte, faszinierende, tragische und manchmal auch ermutigende Geschichte jüdischen Lebens in Deutschland, in Fürth, im Gebäude des

Museums selbst, das einst Wohnhaus jüdischer Familien war. Davon zeugt das rituelle Reinigungsbad, die Mikwe – neun Meter tief unter der Oberfläche, kühl, archaisch. Das zeigt sich in der Laubhütte im Dachboden, einem Haus im Haus, das die Zelte und Hütten der Wüstenwanderung in der Erinnerung lebendig werden lässt. In den Ausstellungen kann man hebräische Buchstaben auf Papier stempeln, Thorarollen und liturgische Gegenstände kennenlernen, aber auch Alltagsgegenstände, Menschen, Schicksale.

Das Museum wirkt offen, freundlich, einladend. Es gibt immer wieder neue Ausstellungen, Führungen, Aktionen. Aber auch eine andere Seite ist nicht unsichtbar: Vor dem Haus befinden sich keine Parkplätze; die Eingangstür ist schwer und lässt an Tresore denken. Sicherheitsmaßnahmen, die den aufmerksamen Besucher auf beklemmende Weise daran erinnern, dass es auch im 21. Jahrhundert keine absolute Normalität gibt für das Judentum in Deutschland.

10. Zeitreise in eine undefinierbare fränkische Vergangenheit

Von der Fußgängerzone mit ihren leuchtenden Firmenschildern, Reklametafeln und grellen Schaufenstern habe ich mich in ein kleines Café verirrt. Das *Kaffeehaferl*, das es nun seit über 30 Jahren gibt. Ich sitze auf einem kleinen Kanapee mit altmodisch gestreiftem Bezug. Um mich herum an den Wänden ticken überall die Uhren. Wanduhren, Pendeluhren, ja, da gibt es sogar einen Schaukasten voller Taschenuhren. Und dennoch fühle ich mich hier so, als sei die Zeit stehen geblieben.

Ich bestelle einen Milchkaffee. »A Ladde?«, fragt mich die Dame, vielleicht die Inhaberin. Ich nicke und ordere noch einen Bienenstich dazu, denn »hier bäckt die Chefin selbst«, heißt es draußen auf einem Schild.

Obwohl es noch Vormittag ist, wird den beiden Stammgästen an der Theke das erste Weizen gezapft.

Kaffeehaferl
Schwabacher Str. 5
90762 Fürth

Tel. 09 11/7 80 53 50
Mo–Fr 9.00–18.00
Sa 9.00–17.00
Rathaus: U1 oder Bus
(die meisten Linien)

Tipp: Spazieren Sie
ein bisschen durch die
Fürther Innenstadt,
stöbern Sie in der
Buchhandlung Jungkunz,
essen Sie noch einen
Kuchen in der Süßen
Freiheit oder schwelgen
Sie in Kindheitserinne-
rungen im Spielwaren-
fachgeschäft mau-mau.

Buchhandlung Jungkunz
Friedrichstraße 3
90762 Fürth
Tel. 09 11/74 08 30
www.jungkunz-fuerth.de
Mo–Fr 9.00–19.00
Sa 9.00–16.00

Süße Freiheit
Friedrichstraße 5
90762 Fürth
Tel. 09 11/7 04 37 74
www.suessefreiheit.de
Mo–Fr 9.00–19.00
Sa 9.00–18.00

mau-mau
Moststraße 19
90762 Fürth
Tel. 09 11/77 36 64
www.mau-mau.de
Mo–Fr 9.30–18.30
Sa 9.30–15.00

An einem Tisch, den ein zierliches Messingschild als Stammtisch ausweist, sitzt ein kleines Kaffeekränzchen aus urfränkischen Damen. Inzwischen habe ich meinen Bienenstich bekommen und mich weiter umgesehen. Von dunklem, schwerem Holz umrahmt hängen Ölschinken an der Wand und strahlen gemütliche Spießigkeit aus. Viel Tapete lassen die zahlreichen Fotos, Drucke und Ziergegenstände nicht frei. Einige Bilder zeigen Fürth, wie es einmal war. Ich lausche den Gesprächen und genieße meinen Kuchen.

»Host du jetz a an Abnehmwahn?«, fragt die mit der lila Frisur ihre Freundin mit den rosafarbenen Haaren. »Naa«, antwortete die, »schau a mal, wie dick ich bin!«

Mein Kuchenteller und meine Tasse sind schon lange leer. Ich habe komplett die Zeit vergessen, mich weggeträumt in die Fünfzigerjahre oder die Achtziger oder woher der Stilmix in diesem Café auch stammen mag. Mein Fuß wippt auf dem Trittbrett des umgebauten Nähtisches, an dem ich sitze. Er tritt im Takt des Tickkonzerts der Uhren, oder im Beat des fränkischen, wohlwollenden Geschnatters, oder – halt – läuft da nicht Musik? Ja, das Radio sondert eine schreckliche Interpretation von *American Pie* ab – als hätte es Madonna nie gegeben.

Als ich zahle, mich freundlich verabschiede und gehe, ist es schon Mittagszeit. Das nächste Mal, wenn ich mich vor der Welt verstecken will, so nehme ich mir vor, komme ich wieder hierher. Und dann esse ich richtig traditionell zu Mittag. Auf der Tafel stehen leckere Gerichte …

11. Eine Audienz bei der Königin von Muggenhof

Eigentlich will ich der stattlichen Dame mit Gehwägelchen nur die Tür aufhalten, aber der Kaffeeduft und das helle, freundliche Ambiente verführen mich zu bleiben. Nun sitze ich also bei einer Tasse Cappuccino von Fortezza in dem nagelneuen Café *Gutes für die Seele*, das im Dezember 2014 seine Pforten geöffnet hat. Außer mir und der bezaubernden Bedienung ist nur jene ältere Dame da, der ich behilflich war – aber das genügt vollkommen für einen unterhaltsamen Vormittag. Die fröhliche, polternde Lady stellt sich mir augenzwinkernd als die »Königin von Muggenhof« vor, lacht, erzählt Witze und fordert mich auf, zweistimmig mit ihr zu singen.

»Nur Bauknecht weiß, was Frauen wünschen!«, zitiert sie vergnügt. Ich finde es herrlich – natürlich ist man nicht immer in Plauderlaune, will sich vielleicht nur bei einem guten Kaffee entspannen oder sich die kunsthandwerklichen Waren ansehen, die die Räume stilvoll bereichern und zum Verkauf ausliegen. Aber erstens hat die Königin von Muggenhof ja nicht immer Audienz, und zweitens ist die gesprächige Dame durchaus unterhaltsam und charmant.

Die aufmerksame Bedienung geht amüsiert ihrer Arbeit nach: »Wollen Sie ein Glas Wasser zum Kaffee?« Ich nicke, die Königin aber ruft: »Ich trinke nur Veuve Clicquot!« und schließt gleich einen Witz an: »Wissen S', warum ich an Hut drag? A alte Schachtel braucht an Deggl!«

Nebenbei erfahre ich, dass an den kleinen antiken Näh- und Marmortischchen bald auch kleine Imbisse serviert werden: süßes Frühstück, Tagessuppe und Muffins. Auch sonst begeistert mich der Laden mit seinem Charme. An meiner Stuhllehne hängt an einer Hanfschnur ein Etikett: »Daheim sitzt sich's noch mal so gut – ich geh mit für 45 Euro«. Nicht nur die Stühle, auch schicke Wollmützen, handbemalte Kissen und kleine Gemälde kann man erwerben – alles passend zur Ausrichtung des Geschäfts: zum Wohlfühlen,

Gutes für die Seele
Hirschenstraße 31
90762 Fürth

Mo–Fr 7.30–10.30 und
11.30–15.00
Sa 10.00–16.00
Hirschenstraße: Bus 172
(Richtung Burgfarrnbach)

Im Laden finden Sie unter anderem Kunst und Kunsthandwerk von:
Carmen und
Werner Frank
www.mosaik-frank.de
und Anja Frackmann
www.anja-f.de

Tipp für modebewusste Schafe und Mützenträger:
Gleich nebenan in der Hirschenstraße gibt es die kleine Manufaktur dyeforyarn für handgefärbte Naturgarne:
www.dyeforyarn.de

zum Entspannen. Aufdringlich ist es nicht, aber sieht man genau hin, so erkennt man doch, dass der Herr des Hauses in einem Heilberuf tätig ist. Neben der Zuckerdose stehen auch die gesunden Alternativen Stevia und Birkenzucker (Xylit). Flyer informieren über kolloidales Silber oder den heilkräftigen chinesischen Xiancao-Tee. Wenn Sie Ihren Kaffeedurst gestillt haben, schauen Sie doch mal um die Ecke in den Hinterhof, da erwartet Sie *Das grüne Fenster*, wo Harald Auner, der Chef, sein ganzes Gesundheitsprogramm anbietet: Hypnose, Massage und Reiki.

Als ich gegen Mittag das Café beschwingt, aber auch sehr hungrig verlasse, gibt die Königin mir noch etwas mit, woran ich auf dem Heimweg zu knabbern habe. Sie deutet auf die erotische Plastik von Carmen und Werner Frank und ruft: »Die gfällt mir ned, die hat an katholischen Busen – der fällt jeden Dag auf die Knie!« Ob der Inhaber bei dem Namen »Gutes für die Seele« auch gleich an die alte Dame gedacht hat? Mich würd's nicht wundern.

12. Essen bei Freunden

Pastarello
Hausgemachte Nudeln
und Saucen
Hirschenstraße 33
90762 Fürth

Tel. 01 52/37 72 62 60
www.pastarello.com
Di–Sa 11.30–21.30

»Pastarello«, ein Name, der über die Zunge rollt. Der Name eines kleinen Restaurants, das in der Hirschenstraße eröffnet wurde. Aber ist es wirklich ein Restaurant? In den zwei behaglichen Räumen sieht man auf den hellen Holztischen Teller mit dampfender Pasta, über die sich die gut gelaunten Gäste hermachen. Aus der Küche wehen appetitanregende Düfte, und zwei Italiener stehen hinter dem Tresen, vor dem Herd oder an den Tischen. Und dennoch hat man hier nicht das Gefühl, in einem kleinen Lokal mitten in Fürth zu sitzen. Eigentlich ist man in Italien, mitten in einer Stube in Napoli, Rom oder Florenz – und zwar bei Freunden. Freunde, die vielleicht nur wenig Deutsch sprechen, die aber mit ihrer Herzlichkeit, ihrer charmanten Unbeholfenheit und grandiosem Essen über kleine Fehler hinwegsehen lassen: kleine Missgeschicke wie ein fehlendes Besteck oder ein fehlender Hinweis auf die außerordentliche Schärfe der Penne Arrabiata.

Spätestens, allerspätestens beim Nachtisch, dem üppigen, hausgemachten Tiramisu, hat man all das vergessen. Die wöchentlich wechselnde Auswahl ist nicht sehr groß, bietet aber immer auch vegetarische und sogar vegane Gerichte. Das Besondere ist die stets frische, hausgemachte Pasta. Man kann die klassischen italienischen Nudelsorten sowie die dazu passenden Soßen auch für zu Hause erwerben. Im *Pastarello* wird nach traditionellen Rezepten gekocht, mit frischen, regionalen Zutaten – und mit viel, viel Liebe zur Pasta.

(Küche geschlossen 14.30–17.30)
So und Mo 17.30–21.30
Hirschenstraße: Bus 172
(Richtung Burgfarrnbach)

13. Kunstschätze im Bunker

Ein paar skurrile Gestalten stehen an diesem Abend auf der kleinen Bühne im *o27*. Mit Banjo, Kazoo, Westerngitarre und Kontrabass beschwören der Bremer Horst-Dieter Hotten von Dad Horse Experience und die zwei Musiker der The devil's dandy dogs aus Fürth eine Mischung aus Liedermachergospel und Country-Rock herauf. Nach zwei Stunden Konzert und drei Bieren scheint der Kellerraum mit den rohen Ziegelwänden und all den Leuten darin nur noch ein einziges, atmendes Wesen zu sein. Man fühlt sich fast ein wenig wie eine verschworene kleine Gemeinschaft, die im Geheimen das Leben – und was es sonst noch zu feiern gibt – zelebriert.

Der kleine Raum im ehemaligen Luftschutzbunker bietet etwa 50 Besuchern Platz, die Stimmung lässt nichts zu wünschen übrig.

Der *Kunstkeller o27* – Verein zur Förderung innovativer Kunst in Fürth, betreibt die Bühne seit über 10 Jahren und bereichert die Kulturszene der Region mit Konzerten, Film und Theater. Der versteckte Club bietet regionalen Bands außerdem noch in sechs Räumen Platz zum Proben.

Auch wenn sie manchmal in einem Bunker stattfindet – die Fürther Kulturszene braucht sich nicht zu verstecken!

Kunstkeller o27
Ottostraße 27
90762 Fürth

Tel. 09 11/3 92 31 64
www.kunstkeller-o27.de
Preise ab 5 Euro
Maxstraße Süd:
Bus 172, 173, 174, 177

14. Gold und Silber aus Teig und Zucker

Bäckerei Wehr
Theaterstraße 28
90762 Fürth

Tel. 09 11/7 41 97 81
Mo–Di und Do–Fr
6.00–12.30 und
13.30–17.30
Mi und Sa 6.00–12.30
Mathildenstraße:
Bus 172 (Richtung Burg-
farrnbach)

Tipp: Schnuckzeug
(Süßigkeiten) aus der
Zeit, als wir klein waren,
die Tageszeitung und
eine Grundversorgung
mit Lebensmitteln (Milch
etc.) findet man ebenfalls
im Laden.

✗

»Wehr bäckt unser täglich Brot« steht auf einer alten Reklametafel über der Theke. In den Auslagen glänzt der Zuckerguss auf den fetten Teilchen und im Brotregal strahlen goldgelb gebackene Laibe. Andere Leiber drängen sich im kleinen Verkaufsraum und bis auf die Straße hinaus. Frau Wehr hat für jeden ein nettes Wort und ein Lächeln. Ist man noch ein wenig verschlafen und unentschlossen, was an diesem Vormittag auf dem Frühstückstisch landen soll, hilft sie gerne ein bisschen nach. Meist kauft man mehr, als man eigentlich vorhatte. Das liegt am guten Ruf des Bäckers, an der Atmosphäre im kleinen Laden und an der Inhaberin hinter der Theke. Und natürlich an den Spezialitäten. »Oh« und »Ah« hört man sich manchmal selbst ausrufen, wenn man in eine besonders feine Gewürzsemmel gebissen hat oder von einem der süßen Teilchen nascht. Die Süßwaren (wie Walnusszöpfchen, Rosinenbrötchen, Quarktaschen, um nur einige zu nennen) sind meiner Meinung nach das Beste. Für sie lohnt sich auch der Weg durch Regen, Schnee und Sturm.

Der *Wehr* gehört noch zu den wenigen richtigen Bäckern in Fürth und ist aus der Altstadt nicht wegzudenken. Seit 1883 ist der Betrieb in Familienhand. Zwischen 1965 und 1980 gab es eine krankheitsbedingte Pause; seit seiner Wiedereröffnung 1980 wird der Betrieb regelmäßig ausgezeichnet. Laut *Feinschmecker* gehört die *Bäckerei Wehr* zu den Besten Deutschlands. Wer einmal dort war, kann wohl mit Sicherheit sagen, dass hier noch mit Liebe gebacken wird.

15. Ein junger Ort mit Geschichte

Café Badehaus
Badstraße 8
90762 Fürth

Schon Anfang des letzten Jahrhunderts zog es Ausflügler aus der ganzen Region an das idyllische Rednitzufer in Fürth. Von 1906 bis 1968 diente das dort gelegene Flussbad, ein Männer- und Frauen-Zahlbad, den Stadtbewohnern als Naherholungsstätte.

Weil ich ihr den Mariensteig zeigen will, spaziere ich mit meiner Freundin von der Innenstadt über die Marienstraße zum Fluss.

Angekommen, durchschreiten wir den romantischen Torbogen, eine lange Treppe führt hinunter zur Badstraße. Mit Sonnenhut, Leinenanzug und Sommerkleid sehen wir fast aus wie ein Liebespaar von damals. Als wir den Fluss erreicht haben, müssen wir uns aber zum Glück nicht trennen. »Bis 1928 durften Frauen und Männer hier nicht zusammen schwimmen«, erzähle ich. Obwohl das Baden in der Rednitz inzwischen nicht mehr populär ist – an der schönen Uferpromenade ist bei gutem Wetter immer etwas los. Denn seit der Verein Kulturort Badstraße 8 e. V. eine 1920 errichtete Werkstatt als Kultur- und Begegnungsstätte wiederbelebt hat, ist die Badstraße richtig angesagt. Am Zaun lehnen unzählige Fahrräder, schwatzende Müßiggänger sitzen auf den Stufen und tauchen die Zehen ins Wasser, ein paar Kinder spielen vergnügt im Vorgarten auf einem kleinen Karussell. Wir suchen uns einen schattigen Platz im Biergarten des *Café Badehaus* und bestellen schmunzelnd ein »Szenegetränk«.

Die alte Halle mit dem Cafébereich bietet viel Raum für Ausstellungen, Konzerte oder zum

Tel. 01 63/4 80 95 50
www.badstrasse8.de
Okt–März
Fr 15.00–18.00 und
Sa-So 12.00–18.00
Apr–Sep
Mi–Do 15.00–20.00
Fr 15.00–22.00
Sa 12.00–22.00
So 12.00–20.00
Stadthalle: U1

Tipp: Der KIOSKI Plattenladen und der Verein Kulturort Badstrasse 8 e. V. veranstalten jährlich im September das Badesaison Kultifest, ein kleines Festival mit tollem Programm, das man nicht verpassen sollte.

Beispiel Mal- und Zeichenkurse.

»Warum lachst du?«, frage ich meine Freundin und blinzle in die Sonne. »Ich stelle mir dich gerade in einem Herren-Badeanzug von 1900 vor«, antwortet sie und prostet mir zu.

16. Am Ufer der Düfte und Kulturen

Interkultureller Garten
Uferpromenade/
Weiherstraße
90762 Fürth

www.interkultureller
-garten-fuerth.de
Stadthalle: U1

Tipp: Im Kulturfo-
rum direkt an der
U-Bahn-Haltestelle lässt
sich's gut essen und
gepflegt Kaffee trinken.

Der Fürther Imam wandert durch die Pfade zu seinem Beet, rupft ein wenig Unkraut aus und plaudert dann noch etwas mit der deutschen Frau des Spaniers, dessen Beet gegenüberliegt. Auf den Holzschildern vor den Beeten steht »Vietnam«, »Türkei«, »USA« oder »Portugal«. Das Thai-Basilikum auf dem chinesischen Beet wächst neben den Kürbissen auf dem mexikanischen, deutscher Endiviensalat neben den fremdartigen Gewächsen der äthiopischen Parzelle.

Idyllisch zwischen dem jüdischen Friedhof und dem Fluss gelegen, ist der *Interkulturelle Garten* eine kleine botanische Arche Noah der vielen Nationalitäten der Fürther Innenstadt. Seit 2008 gibt es ihn, und er entstand als energische Initiative, die Brachflächen am Fluss nicht nur zu nutzen, sondern auf ihnen vor allem den Migranten Gelegenheit zu geben, ein Stück Heimat nach Fürth zu bringen. Es gibt 30 Parzellen in dem Garten, der zu Anfang von einer Projektgruppe aktiver Bürger nutzbar gemacht und dann um einen kleinen Spielplatz und einen Pavillon ergänzt wurde, unter dessen Dach mittlerweile auch Lesungen, Grillfeste und kleine Konzerte stattfinden.

Die ganze Gartensaison hindurch ist dieser grüne Ort, den Philippinen, Kubaner, Australier, Bosnier und noch viele mehr bewirtschaften, auch jedem Interessierten offen. Wer vom Kunstquartier Badstraße in Richtung Innenstadt auf der Uferpromenade am Bolzplatz vorbei entlanggeht, kommt schon nach 200 Metern an ein kleines, meist nur angelehntes Gartentor, und er sollte es nicht versäumen dort einzutreten, um die Vielfarbigkeit der Kulturen ganz handfest ansehen, anfassen und schmecken zu können.

17. Rundum versorgt ins Wochenende

Nach einer arbeitsreichen Woche gibt es für mich kaum einen besseren Start ins Wochenende als den Fürther *Bauernmarkt*. Wer freitags nach Feierabend zu müde zum Einkaufen war und am Samstagmorgen in die gähnende Leere des Brotkorbes oder in den frustrierenden Kühlschrank schaut, der tut gut daran, sich aufzuraffen und noch vor neun am Waagplatz zu sein. Dann ist es noch nicht so voll. Denn der *Bauernmarkt* ist eine Institution, eine feste Adresse im Leben der Altstadt. Manchmal wird die Geduld ein wenig strapaziert, wenn die Knoblauchslandbewohner sich beim Bedienen allzu viel Zeit lassen oder die ein oder andere kinderumschwärmte Mutter sich nicht entscheiden kann, ob sie lieber Mangold oder Blumenkohl nimmt. Aber das Warten wird immer belohnt. Durch Qualität. Sei es die frische, unbehandelte Milch vom Milchhof Ströbel oder Käse und Fleisch vom Biobauern. Und man darf nicht vergessen: Man kommt nicht nur zum Einkaufen auf den Waagplatz. Wer sich um diese Zeit mit dem Weidenkorb in die Schlange stellt, muss damit rechnen, liebe oder auch unliebsame Bekannte zu treffen – und sich Zeit für ein Schwätzchen nehmen.

Mein Highlight und meine erste Adresse ist stets der kleine Stand von Gabriella Grottenthaler. Dort bekommt man Brötchen, die ihresgleichen suchen, duftendes Brot oder ein Glas frischgepresste Gesundheit mit Ingwernote und blutrot von roter Bete. Und Kuchen: Knusprige Streusel, geröstete Walnüsse, Äpfel aus dem Garten. Was will man mehr? Die zwei wichtigsten Tage in der Woche können beginnen.

Auf dem Rückweg erwacht dann bereits das Leben in der → *Gustavstraße* (s. S. 131), und wenn die Sonne scheint, ist vielleicht noch Zeit für einen Kaffee in der sich langsam regenden Stadt. Sollen die Lieben zu Hause doch ruhig noch ein paar Minuten warten.

Bauernmarkt
Waagplatz
90762 Fürth

Sa 7.30–13.00
Rathaus: U1 oder Bus
(die meisten Linien)

Tipp: Schlendern Sie
durch die → Gustav-
straße (s. S. 131) mit
ihren Kneipen und
Cafés oder besuchen
Sie das → Limogeshaus
(s. S. 130)

18. Das kleinste Haus der Stadt

Geschmeidiges
Waagstraße 3
90762 Fürth

Tel. 09 11/13 09 26 40
www.geschmeidiges.de
Di und Do 10.00–14.00
Mi und Fr 14.00–18.00
Sa 10.00–13.00
sowie nach Vereinbarung
Rathaus: U1 oder Bus
(die meisten Linien)

Tipp: Essen Sie eine
Pizza im Restaurant
Panolio-Toscana gegen-
über und genießen Sie
die schöne Aussicht auf
der Terrasse.

Seit das kleinste Haus von Fürth seine Türen nach einem langen Winterschlaf wieder geöffnet hat, wird die neue Besitzerin immer wieder gefragt, welcher Eintopf denn heute auf der Speisekarte stehe. Jedes Mal muss sie dann erklären, dass es hier nichts mehr zu essen gibt. Zumindest nichts für Gäste. Denn das *Café Lebenslust* mit seinen leckeren Suppen ist verschwunden, und seitdem wird in dem Haus in der Waagstraße nur noch Schmuck gestrickt. Schmuck gestrickt? Da stimmt doch etwas nicht! Doch, Sie haben richtig gelesen, aber eins nach dem anderen.

Das kleinste Haus von Fürth hat in seiner langen Geschichte schon vielen kleinen Unternehmen ein Zuhause gegeben. Das waren oft Geschäfte mit urigen Gestalten hinter der Theke und außergewöhnlichen – meist handwerklichen – Waren in den Vitrinen oder Regalen. Während Ende der Neunzigerjahre Milan Matschke im Erdgeschoss in seinem geschmackvoll eingerichteten Salon den Kunden die Haare schnitt, saß der Fellwerker Roland Schamberger im ersten (und einzigen) Stock und verarbeitete Lack und Leder an seiner fußbetriebenen Nähmaschine. Gefiel einem dann der Haarschnitt nicht, was selten vorkam, konnte man gleich die enge Treppe nach oben steigen und sich eine glänzend-rote, fast schon obszön moderne Fellmütze kaufen, um die Frisur zu vertuschen.

In diesem Sinne wundert es den Besucher nicht, erneut ein außergewöhnliches Atelier in der Waagstraße 3 vorzufinden. Rita Faupel-Linneweh ist Goldschmiedin. Für ihre Ausbildung ging sie nach Polen, ohne ein Wort polnisch zu sprechen, wie sie erzählt. Der Schmuck in den Vitrinen ist – man könnte sagen: fürtherisch. Schweigsam, schlicht und bei genauerer Betrachtung voller Charakter. In dem kleinen Raum unter dem Dach findet unter der kundigen und unterhaltsamen Anleitung das Schmuckstricken statt. In Kursen lernen die Teilnehmer nach alter Technik Ketten und Ringe aus Silberdraht zu fertigen. »Hickeln und Sträkeln«

umschreibt die Künstlerin die Herstellung, denn Stricken trifft es doch nicht genau, selbst wenn man bei bestimmten Techniken eine Strickliesel zu Hilfe nehmen muss.

Wer sich das Ergebnis nicht so recht vorstellen kann, der sollte einen Blick auf Rita Faupel-Linnewehs eigene Arbeiten werfen: Fast mittelalterlich wirkende Ketten, die schwer und doch biegsam durch die Finger gleiten, manch eine gefüllt mit matt schimmernden Perlen. Und seitdem das neue Schild mit der Aufschrift *Geschmeidiges* über dem Eingang hängt, fragt die Kundschaft auch nicht mehr nach Suppe, sondern klopft mit alten Erbstücken, umzuarbeitenden Ringen oder der Sehnsucht nach einem ganz persönlichen Schmuckstück an. Wenn das kleinste Haus von Fürth dann lächeln könnte, würde es das wahrscheinlich tun.

19. Das gute Gewissen in der Innenstadt

Seit September 2014 gibt es in der Waagstraße einen Laden, der sich im weitesten Sinne um die Füße seiner Kunden kümmert. Es ist kein Orthopäde und kein Schuhgeschäft, sondern der *Upcycling-Laden up!sala*. Drückt den Fürther der Schuh betreffs seines ökologischen Fußabdrucks, kann er dort sein Gewissen und seine Brieftasche erleichtern und sich gleichzeitig mit Mitbringseln und Geschenken bei seiner Umwelt beliebt machen.

up!sala –
Der Upcycling-Laden
Waagstraße 3
90762 Fürth

www.upcycling-laden.de
Di–Fr 11.00–19.00
Sa 10.00–15.00
Rathaus: U1 oder Bus
(die meisten Linien)

Nicht nur die Produkte, sondern auch das ganze Konzept heißt hier: aus Alt mach Neu. Passend dazu sollte damals der Laden eingerichtet werden, »ohne dass man etwas Neues braucht«. Das ist gut gelungen. Aus Verschalungsbrettern vom Bau wurde der Fußboden, die abgehängte Decke wurde abmontiert, und aus den Leisten entstanden Regale und die Theke. Im *up!sala* werden nicht nur die Verkäufe im Laden abgewickelt, der Standort Waagstraße dient den beiden findigen Unternehmern auch als Büro für den Internethandel. Und gehandelt wird mit alten Materialien in neuer Form und guten Ideen. Aus Fischfutter-

und Zementsäcken werden schicke Taschen und Beutel, die nicht nur gut aussehen, sondern auch wasserdicht sind. Direkt aus dem Wasser kommen die Geldbeutel aus Neopren. Früher waren sie Taucheranzüge – in ihrem Inneren findet der Käufer noch ein Kärtchen mit dem Namen seines früheren Besitzers.

Die Ladeninhaber beziehen einen Teil ihrer Waren direkt von einer Dorfgemeinschaft in Kambodscha, die sie vor zwei Jahren beim Backpacking kennengelernt haben. Nicht immer ist die Vergangenheit der Materialien so zivil wie zum Beispiel bei den Jo-Jos und Ohrringen aus Kronkorken oder bei den überraschenden Artikeln aus Vinyl und Papier. Aus dem Kupfer von Landminen und Patronenhülsen fertigen die Kambodschaner Schmuck. Sie geben ihren Unikaten neben der materiellen Umdeutung auch eine ideelle mit auf den Weg ins reiche Deutschland: Die glänzenden Schmuckstücke zeigen heute traditionelle Symbole des Friedens. Ist es nicht schön, sich damit zu schmücken?

20. Ein Hauch von Frankreich in Franken

Limoges- und
Limousin-Haus
Gustavstraße 31
90762 Fürth

Tel. 09 11/97 79 89 99
Di–Sa 13.00–18.00
Rathaus: U1 oder Bus
(die meisten Linien)

Französisches Flair und Lebensgefühl sind käuflich. Ein Geschenkkorb mit französischen Spezialitäten – Ente, Kastanien, Wein – wird im Fürther *Limoges- und Limousin-Haus* speziell nach Kundenwunsch zusammengestellt. Aber das ist nicht die einzige Möglichkeit, einen Hauch von Frankreich zu erhaschen mitten im fränkischen Winter. Seit über einer Dekade leistet das Lim an der Ecke Gustavstraße/Waagstraße unter der Leiterin Ariane Wimmer einen Beitrag zur deutsch-französischen Freundschaft.

In der Mitte Frankreichs liegt die Partnerregion Mittelfrankens, Limousin, mit seiner Hauptstadt Limoges, unwesentlich größer als Fürth und bekannt für seine Porzellanherstellung. Es handelt sich um einen hügeligen, verhältnismäßig dünn besiedelten Landstrich, und wer mehr darüber erfahren, vielleicht sogar eine Reise in die Partnerstadt planen will, der findet im Lim ein breites Informationsangebot mit DVDs, Reise- und Sprachführern.

Mir fehlen Zeit und Abenteuerlust für die tausend Kilometer, die beide Städte trennen, zumal meine Französischkenntnisse von Motten und Rost zerfressen sind. Vielleicht sollte ich einen der Sprachkurse in Erwägung ziehen oder eine Lesung in französischer und deutscher Sprache? Oder einfach französisches Flair aufnehmen in dem Bistro und der »boutique de Limousin« mit ihren Spezialitäten aus der Partnerregion: Marmelade, Cidre und Senf etwa.

So ganz glücklich miteinander sind Fürth und sein *Limoges- und Limousin-Haus* ja nicht immer gewesen. Selbst Liebhaber einer ruhigen Atmosphäre mussten sich zeitweise an den Bistro-tischen ziemlich einsam fühlen, so wenig Verkehr herrschte im Lim noch vor einigen Jahren, sodass sogar eine Schließung in Betracht gezogen wurde. Neue Konzepte, eine attraktivere Gestaltung der Verkaufsecke und nicht zuletzt die Beliebtheit des Lim als Begegnungsstätte für Menschen aus verschiedenen Ländern haben die Situation mittlerweile aber verbessert. Glücklicherweise, schließlich sollte auch zwischen Fürth und seiner Partnerregion »jede Menge Leben« herrschen.

In den Schulferien ist das Lim-Haus geschlossen und nur für die in den Kurs- und Kulturpro-grammen angekündig-ten Veranstaltungen geöffnet.

21. Die Kneipenmeile von Fürth

Viele Menschen halten Delfine noch immer für eine der intelligentesten Spezies der Erde. Aber das stimmt nicht. Das klügste Tier der Welt ist natürlich der Storch. Genau genommen der Fürther Storch. Die Beweise sprechen für sich:

Er wohnt in einem pittoresken Industriedenkmal mitten im Herzen der Fürther Altstadt, zahlt keinen Cent Miete und macht im Winter Urlaub in Spanien oder Afrika.

Ich sitze bei einer Tasse Kaffee in der *Kaffeebohne* in der *Gustavstraße* und genieße einen herrlichen Spätsommertag. Ab und zu rattert ein Auto übers Pflaster, aber sonst riecht es hier sehr nach

Gustavstraße
90762 Fürth

Bistro Galerie
Gustavstraße 14
Tel. 09 11/77 61 66
www.bistrogalerie
-fuerth.de
Mo–Sa 18.00–1.00
Mo und Mi 11.30–14.30
Mittagstisch (außer Fei)
So Ruhetag (ausgenom-men Veranstaltungstage

Kleinstadtidylle. Fast alle Tische sind von Schülern und Müßiggängern belegt, die ihr Frühstück essen oder an einem heimlichen Hugo nippen. Die »Bohne« ist die beliebteste Kneipe in der Altstadt und die gemütlichste Baustelle der Welt. Denn Jens Gräser, der Inhaber, verschönert das historische Gebäude mit dem angrenzenden ehemaligen Pferdestall von 1680, solange ich denken kann. Die Gäste bekommen davon allerdings meist nichts mit und erfreuen sich staunend am Ergebnis. Das Fachwerk präsentiert sich sauber und frisch gestrichen, die Toiletten sind neu, im Obergeschoss gibt es jetzt einen Yogaraum. Mal wird die Küche renoviert, mal der Nebenraum neu gestaltet. Das Essen ist gut, das Flair zieht alle an – in der »Bohne« trifft sich Fürth.

Plötzlich verdunkelt ein großer Schatten den Himmel. Ich blicke nach oben und sehe einen riesigen Storch, der nicht weit über mir die ganze *Gustavstraße* entlangzieht. Ein beeindruckender Vogel mit weit ausladenden Schwingen. Er fliegt nach Hause auf seinen Ziegelschornstein knapp hinter dem *Bistro Galerie*, das seine Gäste mit einer gelungenen Mischung aus Eleganz und Gemütlichkeit willkommen heißt und für hervorragenden Salat und feine Tapas berühmt ist.

und Adventssonntage)

Adebar
Gustavstraße 16
Tel. 09 11/97 92 44 50
Mo-Sa 17.00-3.00

Kaffeebohne
Gustavstraße 40
Tel. 09 11/77 46 04
www.kaffeebohne
-fuerth.de
Tägl. 8.30-1.00
Fr-Sa bei Bedarf bis 2.00
Terrasse im Sommer
tägl. bis 23.00

Rathaus: U1 oder Bus
(die meisten Linien)

Tipp: Verpassen Sie nicht die alljährlichen Adventslesungen im Bistro Galerie!

Die Storchenfamilie hat nun auch wieder einen Gastronom im Haus. *Adebar* heißt die recht neue Cocktailbar, die mit kühlem Flair einlädt. Endlich mal ein gelungenes Wortspiel.

22. Allerhand Trödel

Die Menge drängt sich um einen kleinen Stand, an dem etwas verkauft wird, das aussieht wie Kaffeesatz. Neugierig trete ich näher und erfahre, dass die flachen Kartons wirklich Kaffeesatz enthalten. Ein junger, geschäftstüchtiger Mann erklärt eben, wie man aus ihnen eine richtige kleine Pilzzucht aufzieht. Wundervolle, seltsame Gewächse, rosa oder braun, die aussehen wie Ohren oder Muscheln, werden innerhalb weniger Tage aus dem Nährboden herausgezaubert. Zum Angucken, Staunen – und Essen.

Grafflmarkt

Veranstaltungsorte: Gustavstraße, Vorplatz der Michaelskirche, Königstraße, Waagplatz, Waagstraße, Kirchenplatz, Geleitsgasse, Löwenplatz, Paisleyplatz und Marktplatz (»Grüner Markt«)
90762 Fürth

www.frankenradar.de, www.vision-fuerth.de
Jeweils ein Fr und Sa im Juni und im Sep
Fr 16.00–22.00
Sa 7.00–16.00

www.allahand -selbstgemacht.de
www.pilzpaket.de

Seit 1975 wird die Fürther Altstadt zweimal im Jahr von Händlern, Verkäufern und einem gut gelaunten Besuchervolk belebt: Beim *Grafflmarkt.* Auf dem bunten Basar rund um die → *Gustavstraße* (s. S. 131) findet man nicht nur Trödel, sondern mitunter auch Kurioses und Verblüffendes. Wie das Pilzpaket. Oder wie den alten, staubigen Karton voller Puppenköpfe, die mich mit toten, glasigen Augen anstarren. Schnell gehe ich weiter und wühle mich durch einen Stand voller Messingbeschläge und hübscher Porzellanknäufe.

Der Duft von Bratwurst steigt mir in die Nase und ich beschließe, eine kurze Pause einzulegen. Die Kneipen in der *Gustavstraße* sind voller Menschen, die sich hier beim Trödeln getroffen haben. Verabredet – oder zufällig, denn der *Grafflmarkt* ist ein Muss für den richtigen Fürther. Da ist kaum ein Platz zu finden. Zum Glück gibt es überall Stände mit Kuchen, Kaffee, Pizza und anderen Leckereien. Am Ende mache ich noch einen Abstecher zum Löwenplatz. Wer auf der Suche nach richtigen Antiquitäten ist, der wird hier wohl das größte Angebot finden.

Ich mache mich gerade auf den Weg nach Hause, schleppe eine schwere Tüte, vollgestopft mit Dingen, die zwar wunderschön sind, deren Nutzen

Rathaus: U1 oder Bus
(die meisten Linien) (wer
bergab laufen will)
Stadthalle: U1 (wer
bergauf laufen will)

sich aber erst noch erweisen muss, als mich doch noch ein bunter Stand anlockt. »Alla Hand« heißt er und bietet textiles Kunsthandwerk, Accessoires, Mützen und Schmuckstücke. Beim *Grafflmarkt* ist es nicht schwer, mit den Leuten ins Gespräch zu kommen, und so erzählt mir Nadine Binder bald, warum es ihr hier so gut gefällt. »Fürth nehm' ich immer wieder gerne mit«, lacht sie, »weil die Atmosphäre passt.«

23. Auf dem Marktplatz zu Hause

Stubenhocker
Marktplatz 7
90762 Fürth

Tel. 09 11/49 05 56 01
www.stubenhocker
-fuerth.de
Do-Di 10.00-1.00
Mi 16.00-1.00

Rathaus: U1 oder Bus
(die meisten Linien) (wer
bergab laufen will)
Stadthalle: U1 (wer
bergauf laufen will)

Tipp: Unbedingt die Olle Zippe im Stubenhocker probieren! (Warmer Apfelkuchen im Glas)

Vor etwa einem Jahr erreichte mich an einem schönen Septembertag folgende SMS: »Wir haben uns ewig nicht mehr gesehen. Heute Abend ausgehen! 16.00 Uhr. Stubenhocker.« Ich sah etwas konsterniert auf mein Handy. Stubenhocker? Hatte ich in letzter Zeit meinen Freundeskreis vernachlässigt? Überdurchschnittlich viele Verabredungen abgesagt?

Nein, wie sich später herausstellte, ging es nicht um mein Sozialverhalten. Ich kannte einfach die neue, angesagte Kneipe auf dem Marktplatz noch nicht. Im *Stubenhocker* fühlt man sich wie in einem gemütlichen Wohnzimmer, stellte ich angenehm überrascht fest. Man sitzt bequem auf Sofas und Sesseln, bunte Tapeten aus Großmutters Zeiten zieren die Wände zwischen dunklen Fachwerkbalken, Ölschinken hängen dazwischen und vermitteln Behaglichkeit und gute Laune. Im Sommer kann man draußen sitzen – sofern man einen Platz ergattert – und die Sonne genießen, während man in der → *Gustavstraße* (s. S. 131) schon längst im Schatten sitzt. Ich bekomme meinen Falafelburger mit Salat, eine reichliche Portion, und bin rundum zufrieden.

Von hier hat man einen herrlichen Ausblick auf den Grünen Markt, wie der Marktplatz im Volksmund noch heißt. Dass früher hier eine vielbefahrene Straße entlangführte, bemerkt man zum Glück nicht mehr. Ende 2003 wurde der Platz, der schon seit Anfang des 11. Jahrhunderts den Fürthern als Obst- und Gemüsemarkt diente, aufwendig umgestaltet. Die raffinierte Illumination der Gebäude lässt die geschwungenen Barockfassaden und renovierten Fachwerkhäuser auch nachts in ihrer schlichten Schönheit erstrahlen. Die Innenhöfe sind ebenfalls einen Blick wert. Im großen Wirtshaus *Zum goldenen Schwan* (1681) wechselten früher die Gespanne ihre Pferde. Dafür gab es extra das Ausspannrecht. Davon zeugen noch die zwei großen Tore, eines davon mit dem Schwan im Steinbogen. Besonders gern mag ich den Gauklerbrunnen. Der Bildhauer Harro Frey bevölkerte den Marktplatz mit einer Truppe mittelalterlicher Artisten, Musikanten und Spaßmacher, die in schimmernder Bronze Geschichten aus einer lange vergangenen Zeit erzählen. Der Grüne Markt ist einer der schönsten Plätze Fürths.

24. Die alten Helden

Wer mal eine Pause von den riesigen Leinwänden in den modernen Kino-Kathedralen sucht, wer an manchen Abenden wenig Lust auf lange, laute Schlangen an den Kassen verspürt und sich lieber still und in Ruhe auf seinen Platz begeben will, statt sich durch anonyme Menschenmassen zu drängeln, dem empfehle ich einen Besuch im *Uferpalast.*

Uferpalast
im Kulturforum Fürth
Würzburger Straße 2
90762 Fürth

Tel. 09 11/97 38 40
www.kulturforum.
fuerth.de
Stadthalle: U1
Kulturforum: Bus 172, 175

Früher kannte man das kleine Lichtspielhaus unter dem Namen »Krawattenkino« in der Schindelgasse. Doch so wenig man damals eine Krawatte tragen musste, um hineingelassen zu werden, so wenig ist die neue Spielstätte des Kinos im Kulturforum ein Palast. Man findet kaum ein lauschigeres und gemütlicheres Kino in Fürth. Hier sieht man nicht nur Filme, die nostalgische Erinnerungen wecken wie *Der weiße Hai*, nicht nur die alten Idole der eigenen Jugend wie John Wayne und Charlie Chaplin – nein, das Programm des kleinen Kinos ist sehr vielfältig. Thematische Veranstaltungsblöcke wie die Science-Fiction-Reihe wechseln mit Klassikern der Filmgeschichte und Werkschauen großer Filmemacher wie Luis Buñuel oder John Ford. Mit

der Paradies-Trilogie von Ulrich Seidl zum Beispiel wird auch zeitgenössische Filmkunst geboten.

Wer an Weihnachten, müde von den Festivitäten und der Verwandtschaft überdrüssig, nicht weiß, wohin, dem sei eine alljährliche Tradition des *Uferpalastes* ans Herz gelegt: An jedem 26. Dezember läuft *Die Handschrift von Saragossa*. Nach drei durchaus anspruchsvollen Stunden ist man dann meistens froh, wieder nach Hause zu kommen. Seit Januar 2015 ist die Kinokooperative Fürth stolzer Besitzer eines Digitalprojektors. Das schmälert nicht die Integrität des Filmtheaters, sichert aber dessen Versorgung mit aktuellen Werken, die analog inzwischen gar nicht mehr verliehen werden.

Das Kulturforum weist übrigens weit mehr als den *Uferpalast* auf. Im Sommer kann man mit herrlichem Blick über den Fluss auf der Terrasse des Restaurants gut essen. Außerdem bieten zwei weitere Spielstätten des ehemaligen Schlachthauses ein abwechslungsreiches Programm von Konzerten über Theater und Tanz bis hin zu Lesungen und Festivals.

25. Kaffee mit dicken Damen

Wo früher Busse wendeten und Scharen von Schülern umstiegen, bummelten und lärmten, liegt heute – umgeben von viel befahrenen Straßen – ein idyllischer Platz. Das ehemalige Zollhäuschen, wo man sich einst Fahrkarten, Süßigkeiten oder Zeitungen kaufen konnte, beherbergt heute das *Espressohaus*. Hier gibt es nicht nur einen der besten Kaffees der Stadt, sondern auch frische Kuchen der Bäckerei Pillipp aus Zirndorf und leckeres Eis, direkt vom Bauernhof in Wachendorf.

Bis zu 20 Kaffeesorten von internationalen Röstereien – mit Fortezza ist auch eine Fürther Firma darunter – kann man kaufen, außerdem Bio- und Fair-Trade-Sorten.

Obwohl Michael Hößl einen hervorragenden Cappuccino zu bereiten versteht, ist seine Profession eigentlich der Handel mit voll- und halbautomatischen Kaffeemaschinen. Im ersten Stock sind die glänzenden Halbautomaten mit Siebbehälter ausgestellt, wie man sie aus Italien kennt. Unten findet man namhafte deutsche und Schweizer Hersteller. Das Besondere ist der Kundenservice des *Espressohauses*. Hößl und seine Mannschaft sind geschult und autorisiert, die Geräte selbst zu reparieren.

Obwohl man den Verkehr doch ein wenig wahrnimmt, scheint man Stress in dem kleinen Haus nicht zu kennen. Die weißen Ledermöbel bieten bequeme Plätze an lauschigen Tischchen, das Interieur ist ganz Stil und Klasse. Hier ziert ein Gemälde die Wand, da eine Serie von Ölbildern, die »Sahneschnittchen«. Eines der kleinen Bilder trägt, sieht man genau hin, die Signatur von Oberbürgermeister Dr. Thomas Jung. Dieses Bild erinnert an die Einweihungsfeier des *Espressohauses* 2009. Für Geburtstage oder andere feierliche Anlässe kann man die Räumlichkeiten auch mieten. Mir allerdings genügt es, mich auf den kleinen Vorplatz zu setzen, einen vorzüglichen Kaffee zu trinken und diesen leider wenig beachteten Platz mit seiner neu gewonnenen Schönheit zu genießen. Jenseits der stark befahrenen Straße leuchtet grün und wie aus einer anderen Zeit die »Persilsäule«, zur Vacher Straße hin kann man den Brunnen von Karl-Heinz Richter bestaunen (2008), der mit Fug und Recht ein besonderes kleines Kunstwerk genannt werden kann. Die Fürther mussten sich erst daran gewöhnen, aber mir gefällt er. Ich fühle mich wohl in der Gesellschaft der bunten, gemütlichen Figuren, winke den »dicken Damen« zu und bewundere die Gelassenheit des »Ehepaares« und der »Kinder mit Hund«. Wie eine Liebeserklärung an die Bürgerlichkeit blicken sie alle ruhig über den Platz und lassen sich vom Verkehrslärm in keiner Weise stören.

Sa 10.00–16.00
Stadthalle: U1
Billinganlage: Bus 172, 175

26. Viel genutzt, umschifft, umfahren

Solarberg Atzenhof
Ecke Stadelner Straße/
Vacher Straße
90768 Fürth

Vacher Brücke:
Bus 171, 173, 175

Wir befinden uns 348 Meter über dem Meeresspiegel und haben eine herrliche Aussicht über die Region. Hier oben ist es windig und meist etwas kühl, aber wir frieren nicht, sind noch erhitzt vom Aufstieg.

Wer wie wir seine neuen Wanderschuhe ausprobieren und nicht gleich in die »Fränkische« fahren möchte, der ist auf dem Müllberg in Atzenhof genau richtig. Oh Verzeihung, ich meine natürlich auf dem *Solarberg*. Denn den Müll, der von 1968–1999 hier gelagert wurde, sieht man nicht mehr. Er ist versiegelt und produziert Gas, das in Energie umgewandelt wird. Ja, eigentlich steht man hier oben auf einem richtigen kleinen Kraftwerk. Der Stadtrat installierte 2003 auf den Berghängen mithilfe der Fürther Bürger und der Sparkasse 5760 Solarmodule, die seit 2004 rund 950 000 Kilowattstunden Strom erzeugen – genug, um 250 Vier-Personen-Haushalte zu versorgen. Aber davon bekommt man zum Glück nicht viel mit. Man genießt den weiten Blick in alle Richtungen. Vier Infotafeln helfen ein bisschen nach, wenn man die Alte Veste oder die Kunstmühle in Vach in der dunstigen Skyline nicht gleich identifizieren kann. Das Ganze steht auch in Blindenschrift darunter, was mir auf einem Aussichtspunkt beinahe etwas makaber erscheint.

Steigt man auf der Westseite herunter, kommt man zum Main-Donau-Kanal. Hier kann man an der Wasserstraße entlangspazieren und ehrfürchtig die gigantische Kanalbrücke bewundern, die Tausende Tonnen Wasser in schwindelerregender Höhe über die Stadelner Straße führt. Der Kanal dient nicht nur als Transportweg – er verbindet Main und Donau (und somit letztendlich auch die Nordsee mit dem Schwarzen Meer) – sondern auch der Bewässerung unseres durstigen Gemüses im Knoblauchsland. Außerdem bietet sich der Europakanal auch für eine schöne, flache Radtour an: von Bamberg über Fürth und Nürnberg bis nach Kelheim. Da lässt es sich auf den luftigen Bänken oben auf dem Müllberg wunderbar Mittag machen, bevor es weitergeht über den Kies, am glitzernden Wasser entlang durch das herrliche Franken.

27. Ein Spaziergang durch die Jahreszeiten

Welche Jahreszeit eignet sich am besten für einen *Spaziergang* über den Fürther Friedhof, hin zum Spitz und schließlich bis zur Kapellenruh? Am schönsten wäre es, wenn man durch alle Jahreszeiten hindurchspazieren könnte: Der Schnee fällt leise auf die Gräber des Fürther Friedhofs, der prächtige Stein vor der letzten Ruhestatt der Familie Schickedanz ist ebenso vom dichten Weiß bedeckt wie die vielen kleinen Felsbuckel auf dem Ehrenfeld. Man wird nachdenklich und ruhig in dieser kleinen, eigenen Welt hinter der Sandsteinmauer. Wir verlassen den Friedhof in südwestlicher Richtung und schlendern in Richtung Schießanger. Auf dem Friedhofsteg hat man eine wunderschöne Aussicht auf die üppigen grünen Ufer der Pegnitz. Der Sommerwind rauscht in den Baumkronen der Alleen. Fahrradfahrer klingeln sich an den Flaneuren vorbei, die Kinder belagern den Generationenspielplatz. Es ist der heißeste Tag im Jahr. Etwas weiter hinten, wo es zur Kapellenstraße und dann in Richtung Altstadt geht, stehen die Leute staunend um den neuen Skatepark herum und betrachten die jungen Sportler auf ihren Rädern, Rollern und Brettern bei waghalsigen Sprüngen und Tricks.

Unser Weg führt uns weiter, mitten hinein in den Herbst. Zum Flussdreieck, wo Pegnitz und Rednitz ineinanderfließen. Zum »Spitz«, wie der Fürther sagen würde. Die 2007 angelegte Aussichtsplattform lädt zum Verweilen ein. Vielleicht ein paar Gedanken in den Fluss werfen oder versuchen, sich an den alten Spruch aus der Schulzeit zu erinnern: Pegnitz und Rednitz werden zu Regnitz? Oder doch nicht? Das Laub der Eiche am Ufer hat sich schon braun gefärbt. Man bekommt Lust, noch einmal die Jacke auszuziehen und hinaufzuklettern in die Krone, von der aus man weit über den Wiesengrund blicken kann. Dort sieht man die Kinder mit ihren Vätern beim Drachensteigen.

Weiter geht es über den Käppnersteg, benannt nach dem Stadtchronisten Peter Käppner (1842–

Spaziergang
Friedhof Fürth
Erlanger Straße 97
90765 Fürth

bis Kapellenruh
über den Käppnersteg
90762 Fürth

Friedhof: Bus 173, 174, 177
und
Stadthalle: U1

1911), zur Kapellenruh. Die Luft riecht nach Frühling, die Krokusse spitzen aus dem frischen Wiesengrün und die Bäume tragen ihr dichtestes Laub. Hier bezeichnet ein eher schlichtes Denkmal einen geschichtsträchtigen Ort. Vier 1864 gepflanzte Eichen umfrieden das Denkmal der Martinskapelle, die Karl der Große im 8. Jahrhundert an dieser Stelle selbst errichtet haben soll. Der Fürther Urkirche unterstanden einst St. Michael und sogar die Lorenzkirche in Nürnberg. Es ist nicht schwer, das Denkmal zu ersteigen; angelehnt an den kühlen Stein der Säule kann man die Seele baumeln und die Beine ruhen lassen. Wer sich den Rückweg zu Fuß ersparen möchte, der gelangt vom Denkmal über die Kapellenstraße rasch zur U-Bahn-Station Stadthalle.

Verkehrsnetz
Fürth

Stand: 1.1.2015

171 Vach Nord
175 Am Vacher Markt
Schönblick
Am Altengraben
Vacher Brücke
Otto-Lilienthal-Schule
Gustav-Weißkopf-Str.
Mühltalstr.
Conrad-Stutz-Weg
Lucas-Cranach-Str.
Riemenschneiderstr.
Feldstr.
Robert-Koch-Str.
Jakob-Henle-Str./Klinikum
Klinikum

173 Atzenhof Ost
Flexdorf

Obermichelbach
Siegelsdorf
Cadolzburg **126**

Ritzmannshof
Atzenhof

Siegelsdorfer Straße
Veitsbronner Straße
Sperlingstr.
Burgfarrnbach Ost
Hafenstr.
Schule
Unterfarrnbach
Heidestr.

Lübecker Str.
Falkenstr.
Ruhsteinweg

Taubenweg
Eigenes Heim **171**

Unterfarrnbach

Wickenstr.

Neustadt a.d.Aisch
Kitzingen **R 1** **R**
Markt Erlbach **R 12**

Burgfarrnbach

Hansastr.
Breslauer Str.

126

Pfeifer-str.
Billing-anlage
Stiftungs-str.
Scherbs-grabenbäder
Kat

Siegelsdorf
125 **172**
Gladiolenweg
Tulpenweg
Burgfarrnbach West
Libellenweg
Regelsbacher Str.
Geißäckerstr.

Leibnizstr.

171
Hardhöhe Wende
Hardhöhe

Pillauer Str.
U 1
Hard-/Soldnerstr.
Berlinstr.

Ritter-von-Aldebert-Str.

Kirchenweg
171
Spechtweg
Unterfürberg
Unterfürberg
Oberfürberg
Reichsbodenweg
Saatweg

Adalbert-Stifter-Str.
178
Waldkrankenhaus
Stadtförsterei
Heilstättensiedlung
Brünnleinsweg
Graf-Stauffenberg-Brücke

Zirndorf
Cadolzburg **R 11** **R**

178
Am Schreiberholz
Weiherstr.
Weiherhof Bahnhof

Coubertinstr.

Händel-str.
Fuchsstr.
Westvorstadt

Forsthausbrücke
Eschenau
Dambach
Erlöserkirche
Vestner Weg

Cadolzburg **111**
Roßtal **112**
Alte Veste

Cadolzburg
Kirchfarrnbach **152**

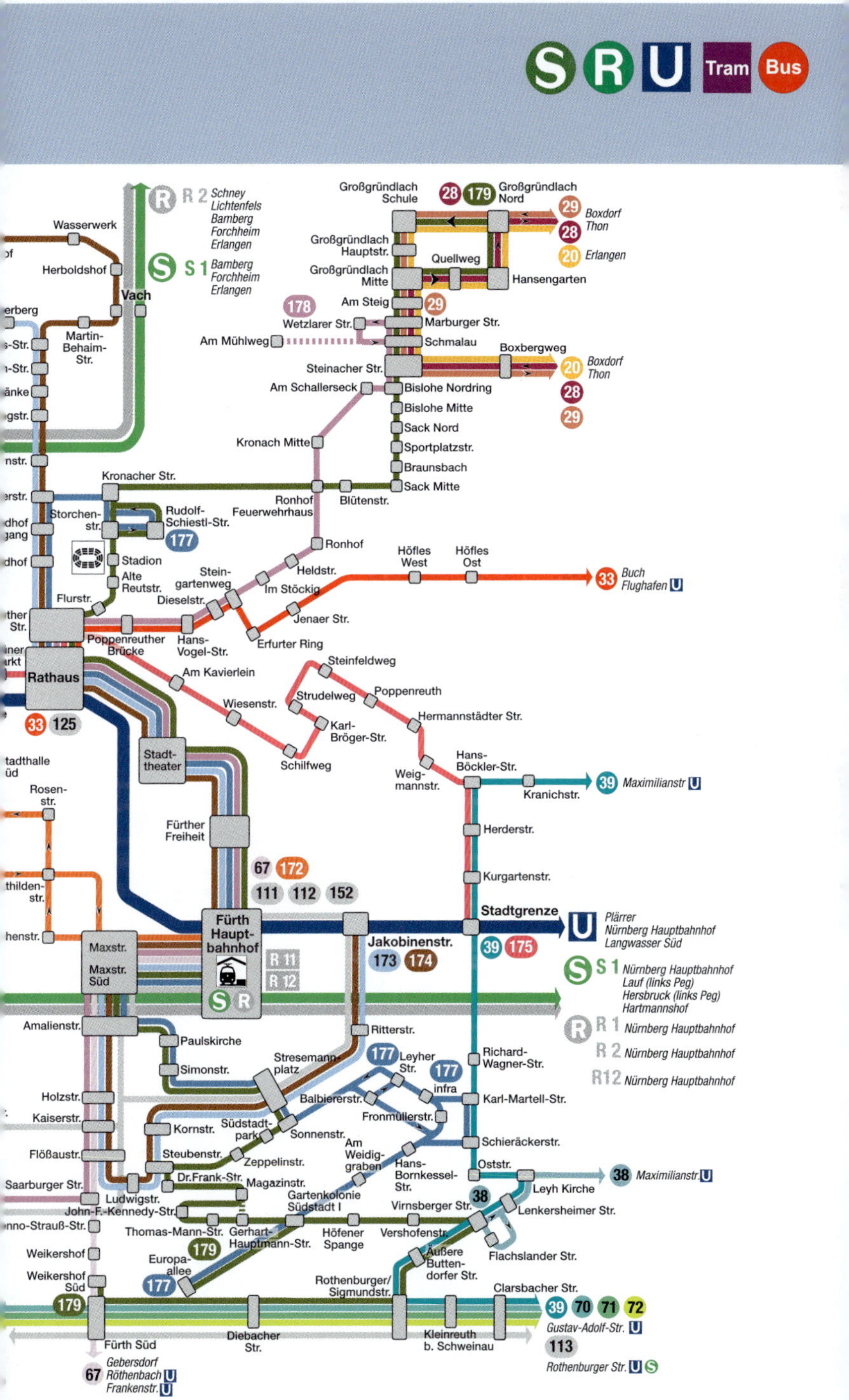

R R 2 *Schney*
Lichtenfels
Bamberg
Forchheim
Erlangen

Wasserwerk

Herboldshof

S S 1 *Bamberg*
Forchheim
Erlangen

Vach

Martin-
Behaim-
Str.

Großgründlach
Schule   28 179 Großgründlach
Nord

29 *Boxdorf*
Thon

28 *Boxdorf*
Thon

20 *Erlangen*

Großgründlach
Hauptstr.   Quellweg

Großgründlach
Mitte   Hansengarten

Am Steig   29

178 Marburger Str.
Wetzlarer Str.

Am Mühlweg   Schmalau

Steinacher Str.   Boxbergweg

Am Schallerseck   Bislohe Nordring   20 *Boxdorf*
Thon

Bislohe Mitte   28

Kronach Mitte   Sack Nord   29

Sportplatzstr.

Braunsbach

Kronacher Str.   Sack Mitte

Storchen-
str.   Rudolf-
Schiesti-Str.   177   Ronhof
Feuerwehrhaus   Blütenstr.

Stadion
Alte
Reutstr.   Ronhof

Stein-
gartenweg   Heldstr.   Höfles
West   Höfles
Ost

Flurstr.   Dieselstr.   Im Stöckig   33 *Buch*
Flughafen U

Poppenreuther
Brücke   Hans-
Vogel-Str.   Jenaer Str.

Erfurter Ring

Rathaus   Am Kavierlein   Steinfeldweg

33 125   Wiesenstr.   Strudelweg   Poppenreuth

Karl-
Bröger-Str.   Hermannstädter Str.

Stadt-
theater   Schilfweg   Weig-
mannstr.   Hans-
Böckler-Str.   39 *Maximilianstr* U

Kranichstr.

Fürther
Freiheit   Herderstr.

67 172   Kurgartenstr.

111 112 152

Stadtgrenze U   *Plärrer*
Nürnberg Hauptbahnhof
Langwasser Süd

Maxstr.
Maxstr.
Süd   Fürth
Haupt-
bahnhof   Jakobinenstr.   39 175

R 11
R 12   173 174   S S 1 *Nürnberg Hauptbahnhof*
Lauf (links Peg)
Hersbruck (links Peg)
Hartmannshof

Amalienstr.   Ritterstr.   R R 1 *Nürnberg Hauptbahnhof*

Paulskirche   Stresemann-
platz   177 Leyher
Str.   Richard-
Wagner-Str.   R 2 *Nürnberg Hauptbahnhof*

Simonstr.   177
infra   Karl-Martell-Str.   R 12 *Nürnberg Hauptbahnhof*

Holzstr.   Balbiererstr.   Fronmüllerstr.

Kaiserstr.   Kornstr.   Südstadt-
park   Sonnenstr.   Am
Weidig-
graben   Schieräckerstr.

Flößaustr.   Steubenstr.   Zeppelinstr.   Oststr.   38 *Maximilianstr* U

Saarburger Str.   Ludwigstr.   Dr.Frank-Str.   Magazinstr.   Hans-
Bornkessel-
Str.   Leyh Kirche

John-F.-Kennedy-Str.   Gartenkolonie
Südstadt I   Virnsberger Str.   38   Lenkersheimer Str.

nno-Strauß-Str.   Thomas-Mann-Str.   Gerhart-
Hauptmann-Str.   Höfener
Spange   Vershofenstr.

Weikershof   179   Europa-
allee   Außere
Butten-
dorfer Str.   Flachslander Str.

Weikershof
Süd   177   Rothenburger/
Sigmundstr.   Clarsbacher Str.

179   Kleinreuth
b. Schweinau   39 70 71 72 *Gustav-Adolf-Str.* U

Fürth Süd   Diebacher
Str.   113

Gebersdorf   *Rothenburger Str.* U S

67 *Röthenbach* U
Frankenstr. U

ERLA

NGEN

1. Kulinarische Entschleunigung im Business-Viertel

Salz + Pfeffer
Hartmannstraße 19
91052 Erlangen

Tel. 0 91 31/40 52 25
www.salzundpfeffer
-erlangen.de
Mo–Fr 11.30–15.00 und
18.00–23.00
warme Küche bis 14.30
und 21.30
Stubenlohstraße:
Bus 252, 284, 285, 294

Das Gegenteil von Fast Food finden Sie hier: Das kleine, feine Restaurant *Salz + Pfeffer* ist Erlangens erster Slow-Food-Förderer. Wer nun glaubt, man müsse deswegen ewig auf sein Essen warten, irrt: Der Service ist bei Tom Egelseer und seinem Team auch bei Hochbetrieb schnell, freundlich und zuverlässig. Doch dies nur nebenbei, denn der größte Pluspunkt von *Salz + Pfeffer* ist geschmacklicher Natur.

Ich besuche die im nicht sehr ansehnlichen, aber strategisch günstigen »Siemens-Viertel« gelegene Trattoria an einem Montagmittag, dem Vegetarier-Tag. Einen solchen hatten bekanntlich mal die Grünen vorgeschlagen und nichts als helle Empörung geerntet, doch die Kundschaft – hauptsächlich Angestellte in der Mittagspause – stört sich nicht daran, im Gegenteil: Der Laden ist brechend voll.

Ich bestelle die hausgemachte Ricotta-Spinatrolle in Salbeibutter. Um Frische zu garantieren, wechselt die Speisekarte täglich. Das Gemüse und das Fleisch stammen aus der Region, die Fische aus nachhaltigem Fang, den Wein holt Tom aus Franken oder direkt aus Italien, das Bier stammt aus Gostenhof. Besonders schön: Die Küche ist offen und einsehbar im Zentrum des Gastraums, man kann also beim Kochen zusehen. Dabei geht es durchaus lebhaft zu: Italienische Satzfetzen (der zweite Koch ist Italiener) vermischen sich mit dem Zischen der Bratpfannen, es wird viel gelacht, während flinke Bedienungen sich mit leise klirrenden Tabletts ihren Weg zu den Tischen bahnen.

Und dann steht die Spinatrolle auf dem Tisch: Ein feinwürziger Traum, der Spinat nicht zerkocht, sondern aromatisch, die Soße wie eine mediterrane Brise, die Portion zwar übersichtlich, aber dennoch sättigend. Noch ein Dessert und einen kleinen Espresso? Wer könnte da widerstehen …

2. Marmortischchen, Milchkaffee und viel Zeit

Für mein Empfinden ist das *Cycles* genauso alt wie die Stadt Erlangen. Ist es natürlich nicht, aber seit dem Zeitpunkt, an dem öffentliche Lokalitäten in meinem Leben eine gewisse Bedeutung erlangten, existiert auch das helle, freundliche Café im Zollhausviertel. Wie das mit persönlichen Erinnerungen so ist: Sie durchtränken die Realität mit ihrem sepiafarbenen Zauber und trüben den Blick auf die Realität. Deshalb wird für mich das *Cycles* für immer und ewig ein Schüler- und Studentencafé sein, ein Ort, wo Schulschwänzer und Spätaufsteher bei einem ausgiebigen Frühstück und endlosen Partien Billard die Vormittage verbummeln, wo man im Sommer auf dem Bürgersteig an runden Marmortischchen sitzt, Milchkaffee schlürft und sich sehr französisch fühlt. Stimmt alles und stimmt alles überhaupt nicht.

Denn im *Cycles* trifft man nicht nur junge Leute, sondern alle Generationen, während die Schüler und Studenten zudem sehr fleißig sind und über ihren Stoffsammlungen brüten. Außerdem gibt es hier nicht nur eine reiche Frühstücksauswahl für jeden Hunger und jeden Geschmack, sondern auch eine Menge wirklich leckerer, frisch zubereiteter Wochengerichte, vieles davon bio und vegetarisch – und wenn nicht, dann möglichst aus artgerechter Tierhaltung. Natürlich gibt es auch leckeren Kuchen für den Nachmittag und eine lange, ordentlich bestückte Bar für die Nachtschwärmer. Am Wochenende werden dazu noch einige empfehlenswerte Extras angeboten, zum Beispiel »Frühstück für Zwei«, »Frühstück Oriental« oder »Lachsfrühstück«.

Früher hingen im *Cycles* übrigens tatsächlich mal Fahrräder an der Wand. Die landeten irgendwann auf dem Schrott und zwischenzeitlich hieß der Laden auch mal anders. Aber weil das *Cycles* im Volksmund immer das *Cycles* blieb, trägt es jetzt auch wieder offiziell den alten Namen. Und bleibt ein Ort, an dem man ganz entspannt sehr viel Zeit verbringen kann. In der Erinnerung wie in der Wirklichkeit.

café Cycles
Marquardsenstraße 18
91054 Erlangen

Tel. 0 91 31/2 91 27
www.cafe-cycles.de
Sa–So und Fei 9.30–1.00
Mo–Fr 10.30–1.00
Zollhaus: Bus 285
Hindenburgstraße:
Bus 288
Lorlebergplatz: Bus 293

3. Ein funkelndes Klimbim-Paradies

Perlenmarkt
Bohlenplatz 12
91054 Erlangen

Tel. 0 91 31/8 80 40
www.perlenmarkt
-schulze.de
Mo-Fr 10.00–18.00
Sa 10.00–15.00
Obere Karlstraße:
Bus 294
Krankenhausstraße:
Bus 293

Tipp: Der Perlenmarkt
liegt direkt am Bohlen-
platz. Dort ist in den war-
men Monaten an jedem
ersten Samstag im Monat
Trödelmarkt – unter viel
schattigem Laub und mit
wenig »Profis«.

Hätten Sie's gewusst? Wer sein Geschäft einen »Markt« nennen will, muss in Deutschland bestimmte Voraussetzungen bezüglich Breite und Tiefe des Sortiments erfüllen. In dieser Hinsicht muss man sich beim *Perlenmarkt* keine Sorgen machen – das Angebot kann einen geradezu erschlagen!

Überall funkelt und leuchtet es in allen denkbaren Farben, Größen, Formen und Materialien: Perlen aus Glas, Edelstein, Ton, Holz, Acryl, Perlmutt, Horn, Porzellan oder Metall, Perlen als Kugeln, Tropfen, Kreuz oder Herz, präsentiert in unzähligen kleinen, liegenden Setzkästen mit zahllosen Fächern. Es gibt nicht nur Perlen in verschiedensten Tierformen, sondern auch für bestimmte Berufsgruppen: winzig kleine Polizisten, Feuerwehrmänner oder Schlotfeger zum Beispiel. Außerdem eine reiche Auswahl an Ringen, Ohrringen, Silber- und Goldschmuck. Aber auch Knöpfe, Heilsteine und alles erdenkliche Zubehör gehören zum Sortiment des *Perlenmarkts*, der nun schon seit über 30 Jahren von der Familie Schulze geführt wird.

Ganz wichtig: Der *Perlenmarkt* ist nicht einfach ein Schmuckgeschäft, sondern ein Kreativmarkt. Man – oder in den allermeisten Fällen: Frau – nimmt sich ein Schälchen und sucht sich aus dem überbordenden Angebot den zu ihr passenden Halsschmuck selbst zusammen. Weil das manchmal gar nicht so einfach ist, bietet der *Perlenmarkt* auch Kurse an, in denen Frau lernt, ihre eigenen Ideen umzusetzen.

Und falls mal etwas kaputt geht oder nicht richtig passt: Das *Perlenmarkt*-Team repariert (fast) alles, was mit Schmuck zu tun hat. Es lohnt sich also, Zeit mitzubringen in den *Perlenmarkt*. Den Mann stellen Sie solange am besten im → *Café Cycles* (s. S. 147) ab, denn die meisten Jungs werden leicht wahnsinnig in so einem unüberschaubaren Klimbim-Paradies. Und wenn sich doch mal einer hierher verirrt, dann sucht er meistens ein Geschenk für seine Frau – und wird ganz bestimmt nicht alleingelassen in seiner Not.

4. Wo Bücher mehr wert sind als ihr Verkaufspreis

Bücher kann man an jeder Ecke kaufen: im Bahnhofskiosk. Im Supermarkt. Sogar an der Tankstelle. Oder natürlich bei einer der zahllosen Buchhandelsketten, die ihre Wühltische in unseren Fußgängerzonen im gefühlten Abstand von 100 Metern aufstellen. Kleine, unabhängige Buchhandlungen sind hingegen rar geworden. Aber es gibt sie noch, nur liegen sie eben in der Regel nicht mehr in den Stadtzentren, sondern an deren Peripherie. Die *Literarische Buchhandlung Ilse Wierny* hält sich bereits seit stolzen 35 Jahren in einer Lage, in der man wenig auf Laufkundschaft zählen kann. Wem das trotzdem gelingt, muss wohl etwas haben, das andere vermissen lassen.

Literarische Buchhandlung Ilse Wierny
Südliche Stadtmauerstraße 40
91054 Erlangen

Tel. 0 91 31/2 24 80
www.buchhandlung
-wierny.de
Mo–Fr 9.00–18.00
Sa 9.00–14.00
Adventssamstage
9.00–18.00
Fahrstraße:
Bus 284, 285, 294
Langemarckplatz:
Bus 284, 285, 286, 287

Als ich den kleinen, angenehm ruhigen Laden an einem trüben November-Nachmittag betrete, werde ich von einem freundlichen älteren Herrn begrüßt. Frau Wierny führe gerade den Hund aus, er, ein langjähriger Stammkunde, halte so lange die Stellung. Man kennt sich, man vertraut sich. Freundlich und kompetent werde man hier beraten, vertraut mir der Literaturfreund an, und wir plaudern etwas über den Wert von Fachgeschäften, bis die Chefin mit ihrem gelüfteten Vierbeiner zurückkommt. Bevor ich meine Fragen stellen kann, muss ich mich noch etwas gedulden. Eine junge Frau sucht ein Geschenk für ihren Freund. Man merkt an der Art, wie Ilse Wierny berät, wie sie in knappen, verständlichen Sätzen den Inhalt eines Buches erläutert, dass sie ein Literaturmensch durch und durch ist. Unmöglich kann sie jedes der Bücher gelesen haben, die sich, nach Verlagen oder Themen sortiert, in den Regalen reihen, doch ihre Erfahrung hilft ihr, jedes Werk nach Qualität, Stil und Inhalt einordnen zu können.

»Ich gehe nicht nach Bestsellerlisten und Aktionspaketen«, stellt Ilse Wierny klar, »ich allein entscheide, was ich in meinen Laden stelle.« Das einzig Entscheidende sei die Qualität, wobei das literarische Spektrum weit gefächert ist: Neben einer reichen Auswahl an Romanen und Erzählungen findet man hier Kinder- und Jugendbücher, englischsprachige Literatur, Lyrik, Hörbücher, Foto-, Kunst- und Literaturkalender, Kunstpostkarten sowie Notizbücher und Papiere. Nur E-Books kommen ihr nicht ins Haus – die lässt sie nicht einmal als Bücher gelten. Ein Buch ist für Frau Wierny ein haptischer Gegenstand, den man sinnlich wahrnehmen kann.

Als ich in einem Moment der Unachtsamkeit meine Kamera auf einem Hardcover-Roman abstelle, werde ich freundlich, aber bestimmt gerüffelt: Hartes Metall auf weichem Papier – das geht gar nicht in einem Haus, in dem das Buch wirklich geliebt wird.

5. Gallische Dörfer im Reich der Musik

Der Schallplattenmann
Fahrstraße 12
91054 Erlangen
Tel. 0 91 31/4 00 08 68
www.
derschallplattenmann.de
Mo–Fr 11.00–18.00
Sa 10.30–14.30
Obere Karlstraße oder
Fahrstraße:
Bus 284, 285, 294

Bongartz – Musik in allen Formaten
Hauptstraße 56
91054 Erlangen

Der physische Tonträger – ein Relikt vergangener Zeiten? Tatsächlich ist Musik in vieler Leute Bewusstsein zu einem jederzeit verfügbaren Datenstrom geworden. Die Wohnzimmerwände verstellenden Platten- und CD-Sammlungen passen heute bequem auf einen Stick, der kleiner ist als ein Schokoriegel, während viele der silbernen und schwarzen Scheiben auf dem Flohmarkt landen. Die kleinen, unabhängigen Läden machen einer nach dem anderen dicht, was übrig bleibt, sind gesichtslose Discounter ohne Herz und Seele mit Türmen von CDs, auf die das Gleiche zutrifft. Doch es gibt sie noch, die unbeugsamen Gallier, die diesem Trend eine gehörige Portion Mut, Erfahrung, Kreativität und eine Leidenschaft für Musik entgegensetzen, die völlig immun sind gegen oberflächliche Zeitgeistströmungen.

In Erlangen gibt es sogar zwei davon: *Bongartz – Musik in allen Formaten* in der Hauptstraße und *Der Schallplattenmann* in der Fahrstraße. Sowohl Peter Bongartz als auch »Schallplattenmann« Bernhard Sauer verfügen über jahrelange Erfahrung im Tonträger-Geschäft und sind trotz leicht unterschiedlicher Konzepte freundschaftlich verbunden.

Das *Bongartz* ist ein freundlich eingerichteter Laden mit ausgesuchter aktueller Musik ohne Scheuklappen: Das stets hilfsbereite, kompetente Personal hat zwischen Pop, Rock, Indie, Folk, Blues, Jazz, Klassik, Weltmusik, Soul, Reggae oder elektronischer Musik jede Menge maßgeschneiderter Tipps auf CD und Vinyl parat, die man sich in gemütlichen Sitzecken bei einer guten Tasse Cappuccino in aller Ruhe zu Gemüte führen kann. Wer will, kann den wöchentlich erscheinenden Newsletter mit jeweils fünf brandneuen Empfehlungen abonnieren, welcher die Kundschaft auch über Ladenkonzerte interessanter Bands oder sonstige Aktionen informiert.

Der Schallplattenmann ist dagegen stilistisch nicht ganz so breit aufgestellt (wenig Elektro, keine Klassik), dafür geht sein Repertoire etwas mehr in die Tiefe. Als wandelnde Musik-Enzyklopädie hat Bernhard Sauer für jeden aufgeschlossenen Kunden eine Empfehlung parat, auf die er oder sie von alleine kaum gekommen wäre. Ein Grundsatz, der für beide Läden gilt: Wer mit offenen Ohren kommt, wird mit Sicherheit positiv überrascht werden.

Tel. 0 91 31/9 08 05 20
www.bongartz-musik.de
Mo–Mi 10.00–19.00
Do 10.00–20.00
Fr 10.00–19.00
Sa 10.00–16.00
Altstadtmarkt:
Bus 252, 253, 254, 283,
288, 289, 293

Tipp: Wer für seine frisch erworbene Musik noch hochwertiges Abspiel-Equipment braucht, sollte sich bei den HiFi-Läden Frankonia (Hauptstraße 111) und/oder Die Steiner Box (Luitpoldstraße 30) umsehen.

6. Asyl für die geschundene Bohne

»Nimm weniger Eiswürfel für das Frappé!«, ruft Amir seinem Mitarbeiter über die Schulter zu, der gerade mit einer leise klirrenden Karaffe hinter seinem Rücken in die Küche schlüpfen will. Aber der »Kaffeemann« hat alles im Blick in seinem Reich. Amir Mohammadi trägt den unmissverständlichen Spitz- und Firmennamen nicht umsonst. Wenn es um die richtige Zubereitung von Kaffee geht, dann nimmt es der Chef sehr genau, denn jedes Detail ist wichtig.

»Kaffee wird so oft falsch zubereitet«, erklärt der freundliche Perser in seiner ruhigen, bestimmten Art. »Schon die Wahl des Wassers ist entscheidend.« Ich muss an die bittere Filterbrühe denken, die in schmucklosen Aufenthaltsräumen trostloser Arbeitsstätten stundenlang vor sich hin dampft

Amir – Der KaffeeMann
Fahrstraße 5
91054 Erlangen

Tel. 0 91 31/9 75 42 11
Mo–Fr 7.30–18.00
Sa 10.00–17.00

und mir in meinen Jahren ständig wechselnder Mini-Jobs ein treuer Begleiter war. Oder an die wässrige, hellbraune Suppe, welche die Amerikaner so freigiebig ausschenken, als wollten sie sie möglichst schnell loswerden.

Aber das ist jetzt ganz weit weg. Bei *Amir* wird dem Kaffee keine Gewalt angetan. Hier wird er artgerecht gehalten und fachkundig zubereitet. Cappuccino, Espresso, French Press, Latte Macchiato, Frappuccino, Kakao mit Espresso, Chai mit Espresso oder Nougaccino – das Angebot beim *KaffeeMann* ist vielfältig und durchweg lecker. Auch die Tee-Auswahl ist relativ groß, und für den kleinen Hunger gibt es verschiedene Kekse, Kuchen und Bagels. Dabei wirkt das kleine Café mit seinen Fachwerkwänden, der rustikalen Holzdecke und den gemütlichen Eckbänken äußerst einladend. Im Sommer sitzt man draußen auf dem Gehsteig und schlürft eine der eiskalten Kaffee-Variationen, die sich Amir ausgedacht hat. »Kaffee ist ein Labor«, sagt er, »man ist ständig am Experimentieren. Und aus Fehlern entstehen oft neue Ideen.« Doch keine Angst: Nur was die hohen Ansprüche des *KaffeeManns* befriedigt, kommt auf die Karte.

7. Heißes und Kaltes nach Lust und Laune

Die Idee ist eigentlich ganz einfach: Wenn es draußen warm ist, hat der Mensch Lust auf etwas Kaltes, ist es kalt, will er was Warmes. Aus diesem simplen Grund ist die *Yoghurt Bar* auch eine Suppen-Bar. Angeboten wird beides ganzjährig, der Schwerpunkt verlagert sich natürlich.

Im Sommer ist der Frozen Yoghurt der Hit: Er wird nach italienischer Rezeptur mit Milch und Joghurt im Haus frisch hergestellt. Im Unterschied zu herkömmlichem Speiseeis wird er bei deutlich weniger Minusgraden verarbeitet und benötigt deshalb auch weniger Zucker. Wem das nicht Argument genug ist, den wird der Geschmack überzeugen: Luftig-leicht, frisch und cremig, schmeckt der Frost-Joghurt vielen pur, doch der Geschmack kann mithilfe vieler ebenfalls im Haus zubereiteter Frucht-, Schoko-, Vanille-, Mokka- oder Karamell-soßen nach Lust und Laune variiert werden. Oder man verziert sich seinen Becher mit einem Löffel Schoko-, Krokant- oder Kokosstreusel. Zum Reinlegen!

Wir besuchen die *Yoghurt Bar* allerdings an einem recht frischen Februartag und wählen die Tagessuppen (das gesamte Angebot umfasst rund 100 Suppen!): »Einmal Kima, den pakistanischen Eintopf mit Hackfleisch, und einmal das Karotten-Kokos-Curry bitte!« Man holt sich sein Essen an der Theke, weswegen die Preise auch sehr fair gehalten sind.

Die Einrichtung der *Yoghurt Bar* verzichtet auf Schnickschnack: Dunkle Marmortische auf hellem Boden und rot bezogene Bänke fassen die beiden zueinander offenen Räume ein. Eine helle, freundliche Atmosphäre, die Wände werden mit wechselnden Bilderausstellungen geschmückt. Die Aufmerksamkeit ist jedoch schnell wieder beim Essen: fein orientalisch gewürzt, aber nicht zu scharf, die Zutaten als solche schmeckbar, dazu frisches Weißbrot, mit dem man die Schüssel genussvoll auswischt. Kurz: ein Schlaraffenland für Suppenfans im Winter und eine schöne Alternative zur Eisdiele im Sommer.

Sommersaison (März–Okt)
Mo-Sa 10.00–20.00
So 12.00–20.00
(bei schönem Wetter auch länger)
Wintersaison (Nov-Feb)
Mo-Sa 10.00–18.00
So 12.00–18.00
Bahnhof, Hugenottenplatz: Bus (alle Linien)
Untere Karlstraße:
Bus 284

8. Mobilität statt Wettbewerb

Der Begriff »Weltverbesserer« ist in unserem Sprachgebrauch seltsamerweise so etwas wie ein Schimpfwort. Gerade so, als wäre es von vornherein völlig naiv zu glauben, ein Mensch könne in seinem Leben irgendetwas zum Positiven verändern. Dabei ist das eigentlich nicht schwierig: einfach öfter mal Fahrrad fahren zum Beispiel. Kostet bekanntlich weder Sprit noch Steuern, macht weder Lärm noch Dreck und tut der Gesundheit gut. Und in der Stadt ist man auf zwei Rädern auch noch meist schneller als auf vieren.

Insofern ist Jörg Gruner ein Weltverbesserer par excellence. Seit 1985 führt er den Fahrradladen

Freilauf
Bike & Outdoors
Untere Karlstraße 9–11
91054 Erlangen

Tel. 0 91 31/91 61 50
www.freilauf.de

Verkauf:
Mo–Fr 10.00–19.00
Sa 10.00–16.00

Werkstatt:
Mo–Fr 8.00–18.00
Sa 10.00–13.00

Bahnhof, Hugenotten-
platz: Bus (alle Linien),
Untere Karlstraße:
Bus 284

Freilauf. Auch wenn es sich lange Zeit so anfühlte, »als würde man gegen Windmühlen kämpfen«, so merkt er heute doch langsam Auftrieb: In Zeiten permanenter Verkehrsüberlastung gehört dem Fahrrad einfach die Zukunft. 2013 fusionierte *Freilauf* mit dem Outdoor-Laden *Avalanche*, mit dem man sich sowieso schon lange Zeit die Geschäftsräume in der Unteren Karlstraße geteilt hatte. Der Name *Freilauf* gilt nun für beide Bereiche, denn schließlich passt er genauso gut für Räder wie für Füße: Rechter Hand stehen zirka 250 Zweiräder, vom Laufrad für Kleinkinder über Touren- und Lastenräder bis zum Tandem oder E-Bike. Vom umfangreichen Zubehör gar nicht zu sprechen.

In der direkt angeschlossenen Werkstatt lässt man sich vom fachkundigen Personal die Bremsen richten oder eine neue Kette montieren. Linker Hand findet man alles, was man zum Überleben auf freier Wildbahn braucht: Wanderschuhe, Zelte, Schlafsäcke, Regenjacken, Kochgeschirr oder Kletterseile – alles da, alles in bester Qualität. Denn eins kommt bei *Freilauf* nicht ins Haus: Billigware, oder »fabrikneuer Sperrmüll«, wie sich Jörg Gruner ausdrückt. Denn wie allen wahren Weltverbesserern ist es den »Freiläufern« eben nicht egal, wie und wo etwas gefertigt wurde. Wenn's geht in Europa, und unbedingt zu fairen Bedingungen. Ach ja, auch Rennräder sucht man bei *Freilauf* vergeblich, denn: »Es geht um Mobilität, nicht um Wettbewerb«.

9. Naschen mit Stil und Muße

Schokolade macht glücklich, das wissen wir alle. Doch wie oft hat uns unser Glücksstreben schon dazu verleitet, in einem spätabendlichen Heißhungeranfall eine ganze Tafel Discounter-Vollmilch-Nuss auf ex zu verdrücken? Nicht nur der maßlos übermästete Magen mahnt dann in sattem Protest: Genuss geht anders!

Natürlich: Für die sieben Luxus-Pralinen, die ich bei Frau Altmann erstehe, könnte ich mir beim Discounter eine Schoko-Fressattacke leisten, die nicht mal bei Kindern und Schwangeren zu entschuldigen wäre. Und doch ist der Gewinn ungleich größer: Erst lässt man das feinherbe Aroma der Zartbitterschokolade auf der Zunge schmelzen, bis man dem Drang nicht mehr widerstehen kann und die kleine Wonnekugel genüsslich zerbeißt – und das kräftige Kaffeearoma die Mundhöhle mit herber Süße flutet … Für Schoko-Freaks ist Frau *Altmanns Confiserie* das reinste Schlaraffenland. Die gelernte Konditormeisterin setzt vor allem auf regionale Produkte wie auf die der fränkischen Firma Lauenstein oder die berühmten Nürnberger Lebkuchen von Witte & Ray. Doch natürlich findet man hier auch französisches weißes Nugat oder feinsten italienischen Krokant, genauso Bio-Trinkschokolade oder den exklusiven russischen Kusmi-Tee.

Irgendwie scheint es ja ein bisschen aus der Zeit gefallen zu sein, dieses schöne kleine Schlaraffenland, das die imposante Neustädter Kirche vor dem Lärm der Stadt beschützt, wo vor dem Eingang ein hölzerner Mohr im bunten Frack das Licht der Erkenntnis trägt und wo Schokolade tatsächlich noch das ist, was sie sein soll: ein Genussmittel.

Confiserie Altmann
Neustädter
Kirchenplatz 4
91054 Erlangen
Tel. 0 91 31/82 97 67
Mo–Fr 10.15–17.45
Sa 10.00–13.00
Bahnhof, Hugenotten-
platz: Bus (alle Linien)
Obere Karlstraße:
Bus 284, 294

10. Ein Ort der Stille

Die Stadtbücherei, soso. Was hat die denn in einem Buch zu suchen, welches sich »besonderen Orten« widmet? Gibt es nicht in jedem größeren Kuhkaff eine Bibliothek? Klar. Es geht mir auch nicht darum, die Erlanger *Stadtbibliothek* als ein Prachtstück unter ihresgleichen zu preisen, obwohl sie selbstredend gut sortiert ist, das Personal in aller Regel hilfsbereit und freundlich und das Palais Stutterheim nicht nur ein architektonisches Highlight darstellt, sondern neben der Bücherei auch das Kunstpalais beherbergt.

Nein – ich möchte an dieser Stelle die Bibliothek als einen der ganz wenigen Orte im öffentlichen Raum loben, an dem Mensch einfach ohne Konsumzwang sein darf. Denn wohin gehe ich, wenn ich zwischen zwei Jobs noch eine Stunde

Stadtbibliothek
Marktplatz 1
91054 Erlangen

Tel. 0 91 31/86 22 82
Mo–Di und Do–Fr
10.00–18.30

Sa 10.00–14.00
www.erlangen.de/
bibliothek
Bahnhof, Hugenotten-
platz: Bus (alle Linien)

Tipp: Wie oben schon
erwähnt, befindet sich im
Palais Stutterheim auch
das Kunstpalais. Dessen
Ausstellungsprogramm
konzentriert sich auf
zeitgenössische Kunst
und bietet konzeptionelle
Bezüge zu Literatur,
Philosophie oder Film.

Zeit habe, das Wetter aber zu nass ist, um im
→ *Schlossgarten* (s. S. 157) zu bummeln, und ich
auch nicht unbedingt den vierten Kaffee des Tages
trinken möchte? Wenn mir die Kirche zu kalt ist
oder ich für die Kirche zu atheistisch bin?

Richtig: Ich trete zuerst durch die alte,
schwere, hölzerne Eingangspforte, hinter der
sich eine gläserne Schiebetür leise surrend öffnet,
und laufe geradeaus an der Ausleihe vorbei in den
großen Lesesaal mit den gemütlichen Polster-
sesseln unter dem hohen Glasdach. Das macht
den Raum auch an trüben Tagen zu einem
hellen, freundlichen Ort. Ein in einem Ständer
ausliegender schwerer Bildband über New York
weckt mein Interesse, ich suche mir einen Sessel
in der Ecke und versinke in den Bildern der
großen Stadt, die nie schläft, während um mich
herum alles ruhig ist. Und das, obwohl am Ende
des Saales die Kinderbücherei untergebracht ist.
Doch an einem Ort, der erfüllt ist von der Schönheit des Wissens und der Anmut der Poesie, in
dem kaum mehr zu hören ist als das Rascheln
der umgeblätterten Seiten, wo sich die inneren
Stimmen der Lesenden zu einem unhörbaren
Murmeln vereinen, da schreien nicht einmal
die Kinder.

11. Königlicher Teegenuss

Königsmanns Teeladen
Helmstraße 4
91054 Erlangen

Wer sich »Teekönig« nennt, muss einen guten
Grund dafür haben. Auch wenn man den Titel
im Familiennamen trägt. Dass Christian Königsmann trotz der wortverspielten Internet-Adresse
(www.teekoenig.de) kein Angeber ist, sondern
vielmehr ein Mann, der seine Leidenschaft zum
Beruf gemacht hat, merkt man, sobald man sich
ein paar Takte mit ihm unterhält.

Wer *Königsmanns Teeladen* zum ersten Mal
betritt, mag vielleicht erstaunt sein, wie klar, übersichtlich und vielleicht auch etwas nüchtern die
Ausstattung wirkt: hinter der Theke ein langes
Regal vor senfgelber Wand, in dem eine Vielzahl

nüchterner schwarzer oder silberner Teedosen fein säuberlich aufgereiht auf die Kunden wartet, rechter Hand schöne Teekannen, Tassen und japanische Dosen, auf der Theke einige erlesene Süßigkeiten – fertig. Dafür empfängt einen dieser typisch zarte, würzig-blumige Duft, welcher im Café von der intensiven Note von Cappuccino, Espresso oder Caffè Latte immer überlagert wird, in purer, aromatischer Reinheit.

Etwa 110 Teesorten hat *Königsmann* auf Lager, darunter Klassiker wie chinesische Schwarztees, Assam, Darjeeling oder Früchtetees genauso wie japanischen Matcha-Grüntee mit seinen gemahlenen Blättern, eine große Auswahl an aromatisierten Sorten oder auch Exoten abseits der gängigen Anbaugebiete. Vieles davon in Bio-Qualität und immer frisch abgepackt. Auch wenn sich Christian Königsmann, wie er offen zugibt, daheim auf seine drei Lieblingstees beschränkt, so hat er alle Sorten im Sortiment doch mindestens einmal selbst gekostet und kann eloquent Auskunft geben über Geschmack, Wirkung und die ideale Zubereitung seiner Tees. Und was er nicht im Lager hat, bestellt er natürlich umgehend. Ganz klar: Teeliebhaber finden im Reich des Teekönigs ihr Eldorado.

Tel. 0 91 31/97 74 07
www.teekoenig.de
Mo–Fr 10.00–18.00
Sa 10.00–14.00
Bahnhof, Hugenotten-
platz: Bus (alle Linien)

Tipp: »Teekönig« Chris-
tian Königsmann hat eine
Schwester – und die ist
tatsächlich die »Kaffee-
königin«. In Königsmanns
Kaffeerösterei in der
Weißen Herzstraße
2 kann man nicht nur
exzellenten Kaffee
kaufen, sondern selbigen
auch in hübschem Am-
biente mit einem Stück
Kuchen genießen – bei
schönem Wetter auch
draußen.

12. »My quiet Himmelreich«

Vor vielen Jahren war einmal ein bekannter deutscher Schauspieler in Erlangen zu Gast. Offenbar kein Freund von Höflichkeitsfloskeln, gab er nachher sinngemäß zu Protokoll: »Das einzig Schöne an Erlangen ist der Schlossgarten.«

Natürlich ist man sich als Eingeborener der Ermangelung architektonischer Besonderheiten durchaus bewusst. Ein wenig hat mich die Äußerung aber doch getroffen. Und immer, wenn ich die so gnädig honorierten Wege unter den stattlichen Laubbäumen des *Schlossgartens* entlangschlendere und den Blick über die weite Liegewiese schweifen lasse, wo heute wie damals Frisbee-Scheiben leise surren und Bierflaschen

Schlossgarten
91054 Erlangen

Mai–Sep 6.00–21.00
Okt–Apr 6.00–20.00
Erreichbar über Schloss-
platz, Universitätsstraße
oder Krankenhausstraße
Hugenottenplatz, Bahn-
hofsplatz: alle Linien,
Universitätsstraße:
Bus 208, 209, 284, 285,
286, 288, 293, 294

Tipp: Direkt angrenzend an den Schlossgarten liegt der Botanische Garten der Universität Erlangen-Nürnberg. Dieser lädt nicht nur auf knapp zwei Hektar zu einer erstaunlichen Rundreise durch die Flora der Welt ein, sondern bietet auch viele lauschige Winkel, wo man ungestört die Seele baumeln lassen kann.

beim Öffnen erleichtert zischen, wo Lehrsätze gepaukt und wieder vergessen werden, wo drahtige Jongleure mit ihren Keulen und Bällen genauso wie Nachwuchsbarden mit schlecht gestimmten Gitarren versuchen, schöne junge Sonnenanbeterinnen zu beeindrucken, dann tröstet mich die Bemerkung einer Prager Freundin, die sich bei ihrem ersten Erlangen-Besuch von der Stadt äußerst angetan zeigte – was mich einigermaßen überraschte, schließlich kam sie nicht aus Hirschaid oder Delmenhorst, sondern aus einer der schönsten Städte der Welt: »Es ist so herrlich normal hier«, schwärmte sie, »so echt!« Als ich dann noch erwähnte, dass Erlangen schon in der Bibel erwähnt wurde (»das Himmelreich zu erlangen«), sprach sie nur noch von »My quiet Himmelreich«.

Das Herz des stillen Himmelreichs schlägt hier, zwischen Schloss und Chirurgie, bewacht vom Reiterstandbild des Markgrafen Christian Ernst, der das lässige Treiben allerdings nur widerwillig zu dulden scheint. Dass das architektonische Prachtstück des Gartens, die barocke Orangerie, nach ihrer Renovierung nun in sattem Mangogelb leuchtet, würde vielleicht den Schauspieler beeindrucken, doch bestimmt nicht meine Prager Freundin. Die wohnt mittlerweile aber eh in China.

13. Literarisches Sommerpicknick vor dem Bücherherbst

Als »Woodstock der Literatur« wurde das *Poetenfest* vor einigen Jahren von einer renommierten Zeitung gepriesen, ein nicht sonderlich origineller Vergleich, der aber nichtsdestotrotz den Stellenwert umschreibt, den das Erlanger Bücherfestival in der deutschen Literaturlandschaft hat. Bereits seit 1980 treffen jährlich am letzten Augustwochenende Autoren, Verleger und Kritiker auf ein interessiertes, aufgeschlossenes Lesepublikum, das die Vielfalt und Qualität der Veranstaltung mit seit Jahren konstant hohen Besucherzahlen honoriert.

Zentrum des viertägigen Lesemarathons ist der → *Schlossgarten* (s. S. 157), welcher dem Festival einen nahezu perfekten Rahmen bietet – zumindest, wenn das Wetter mitspielt. Unter mächtigen, schattigen Laubbäumen auf Bierbänken oder Decken sitzend, lauscht man bei der »Revue der Neuerscheinungen« den aktuellsten Werken hochkarätiger Autoren, oft vor dem offiziellen Veröffentlichungstermin. Parallel dazu stellt sich auf einer Nebenbühne ein anderer Schriftsteller den Fragen eines fachkundigen Moderators, während die lieben Kleinen beim Kinderpodium mit frischer Kinder- und Jugendliteratur unterhalten werden. Beliebt sind auch die Autorenporträts im benachbarten Markgrafentheater, wo die Stars der internationalen Literaturszene Frage und Antwort stehen, oder das literarische Nachtprogramm, welches sich vornehmlich an jüngere Spätaufsteher richtet.

Aus über 100 Einzelveranstaltungen setzt sich das *Poetenfest* zusammen, wobei auch andere Disziplinen wie Musik oder bildende Kunst im Rahmenprogramm Platz finden. Und doch ist das *Poetenfest* mehr als ein großes, entspanntes Sommerpicknick für Bildungsbürger, werden hier doch auch über den Literaturbetrieb hinaus wichtige gesellschaftliche Fragen verhandelt – die sonntäglichen Podiumsdiskussionen sorgen nicht selten für gehörig Zündstoff.

Poetenfest
Schlossgarten, Markgrafentheater und andere Lokalitäten
91054 Erlangen

Tel. 0 91 31/86 14 08
www.poetenfest
-erlangen.de
Do–So Ende Aug

14. Beschreibbare Ex-Hosen vor dem Pantoffelkino

Papierladen
Schönes aus Papier
Wasserturmstraße 14/
Ecke Schiffstraße
91054 Erlangen

Tel. 0 91 31/97 98 55
www.papierladen
-erlangen.de
Mo–Mi 10.00–18.00
Do 10.00–19.00
Fr 10.00–18.00
Sa 10.00–14.00

Altstadtmarkt:
Bus 252, 253, 254, 283,
288, 289, 293

Es mag etwas seltsam anmuten, einen Laden darüber zu definieren, was er nicht hat. Keine Schreibwaren. Keine Büroartikel. Kein Künstlerbedarf und keine Bastelsachen. Was dann?

»Alles, was aus dem Rahmen fällt«, sagt Inhaberin Ute Burkart. Zum Beispiel kunterbunte, aus Zeitschriften gefertigte Körbe oder farbige Schachteln, die so hübsch sind, dass es fast egal ist, was man hineintut. Natürlich findet man hier im *Papierladen* auch lustige, stilvolle, romantische, anrührende Grußkarten für Hochzeit, Geburt, Taufe, Geburtstag, Konfirmation, Abitur oder andere Anlässe. Notiz- und Tagebücher, Poesie- und Fotoalben, Brief- und Geschenkpapier, in allen Größen, Stärken und Farben sowieso. Eine Papierblume reckt ihr weißes Köpfchen den von der Decke baumelnden Lampions entgegen, während bunte Windspiele auf den nächsten Luftzug warten. Oder hier: ein »Pantoffelkino mit drei auswechselbaren Szenenbildern und Testbild«.

Dafür, dass der Laden nur aus zwei Räumen besteht, die den meisten Menschen als Wohnzimmer zu klein wären, kann man hier ganz schön lange stöbern. Ich stehe vor einem Regal mit verschiedenen Stapeln von grobfaserigem Papier. »Büttenpapier« steht auf einem kleinen Schild. »Büttenpapier – was ist das eigentlich?«, frage ich Frau Burkart und muss sofort an Kindersendungen wie *Löwenzahn* oder *Willi wills wissen* denken. »Büttenpapier wird aus Zellstoff, wie zum Beispiel Baumwolle, geschöpft«, werde ich umgehend aufgeklärt. »Dann war dieses Blatt Papier hier vielleicht mal eine Jeans?« Ute Burkart greift nach links in eine Schachtel und reicht mir eine dunkelblaue Grußkarte: »Die war tatsächlich mal eine Jeans!«

Toll: Aus einem persönlichen Gebrauchsgegenstand wird ein persönliches Kommunikationsmittel. Wer es noch individueller mag: Ute Burkart fertigt als gelernte Buchbinderin auch gerne Buchbindungen auf Wunsch an. Und wer einfach bloß Druckerpapier braucht, weiß ja, wo er das findet.

15. Klein, aber fein

»Heimkehr« bedeutet das altgriechische Wort »Nostos« im Deutschen. Und ein wenig fühlt es sich auch so an, wenn man die kleine Taverne in der Erlanger Altstadt betritt: so als würde man nach einer langen Reise wieder zu Hause ankommen. Klingt übertrieben und ein wenig sentimental?

Nun, wer würde nicht sentimental werden angesichts der beiden kleinen Räume mit den weiß verputzten Fachwerkwänden und den einfachen Korbgeflechtstühlen? Einige hübsche Bilder, ein kleines Bücherregal und die obligatorischen Weinflaschen zieren die Wände, auf den üblichen Poseidon-Kitsch wird im *Nostos* dankenswerterweise verzichtet. Die Speisekarte ist übersichtlich, doch es fehlt an nichts: Neben griechischen Klassikern wie Souflaki, Bifteki oder Calamari findet man Lemonato (Schweinefleisch mit Zitronensoße), Tigania (Schweinefleisch mit Lauch) oder Juwetzi (Kalbfleisch mit Nudeln oder Reis mit Käse überbacken).

Meine Begleitung ist Vegetarierin, womit man beim Griechen in der Regel schlechte Karten hat. Doch im Vorspeisenangebot wird sie mit gebackenen Okraschoten, Auberginen und Zucchini auch fündig. Und ist davon genauso begeistert wie ich von meiner Tigania: das Fleisch zart und sehr fein gewürzt, die Pommes frites knusprig, der Salat schön frisch, das Weißbrot warm. Außergewöhnlich lecker! In dem kleinen Familienbetrieb wird das Essen selbstverständlich frisch zubereitet, umso erstaunlicher ist, wie schnell man bedient wird, obwohl der Laden rappelvoll ist. Das *Nostos* hat sich nicht umsonst innerhalb kurzer Zeit zu einem wahren Renner entwickelt. Plätze reservieren ist auf alle Fälle ratsam!

Taverne Nostos
Glockenstraße 2
91054 Erlangen

Tel. 0 91 31/6 12 01 44
Di–So 12.00–22.30
Altstadtmarkt:
Bus 252, 253, 254, 283,
288, 289, 293

Tipp: In unmittelbarer Nähe befindet sich das Markgrafentheater (Theaterplatz 2), das älteste bespielte Barocktheater Süddeutschlands, das schon wegen seiner prächtigen Innenarchitektur einen Besuch wert ist.

16. Kunst und Kultur für jedermann

Hinz & Kunst
Schiffstraße 7
91054 Erlangen

Tel. 01 71/9 59 42 10
www.hinz-und-kunst.net
Mi–Fr 15.00–19.00
Sa 12.00–19.00
Altstadtmarkt:
Bus 252, 253, 254, 283,
288, 289, 293

Die Chancen, als unbekannter Maler in einer renommierten Galerie ausstellen zu können, würden in etwa denen eines vorbestraften Legasthenikers mit Rechenschwäche auf einen Job als Sparkassen-Filialleiter gleichen, hat mir einmal ein befreundeter Künstler anvertraut. Dass das nicht so sein muss, beweist die Galerie *Hinz & Kunst* in der Schiffstraße. Als »ein Forum für Kunst, Kultur, Kommunikation, Austausch, Lebenslust und vieles mehr« definiert sich das von Ute Schiegl und Katha Maruhn initiierte Projekt, das seit Sommer 2014 erfolgreich versucht, Kunst und Kultur für alle zugänglich zu machen.

Der freundliche Altbau ist Heimstatt für so ziemlich jede Art von gegenständlicher Kunst: Großformatige Öl- oder Aquarellgemälde, gegenständlich oder abstrakt, knallbunt poppig oder nüchtern reduziert, zieren die Fachwerkwände, dazwischen ein grünes Monster aus Cloth-Maschee oder der Kopf des Comic-Hundes Struppi als makabre Jäger-Trophäe. Schwarzweißfotos ungewöhnlicher Stadtansichten, eine organisch gewundene Schmiedearbeit oder die »Moving Thoughts«, die beweglichen Gedanken von Karola Adrion. Die ist eigentlich Apothekerin und hat hier ihren kreativen Raum gefunden.

Darüber hinaus bieten die »Montagsmaler« Kurse im Aquarellmalen an, lädt das französische Kulturinstitut zu einem philosophischen Abend, veranstalten Musiker Konzerte und lesen Literaten aus ihren Werken – (fast) alles ist denk- und machbar. Die Mieten für die Ausstellungsflächen sind äußerst fair, dafür wird allerdings erwartet, dass die Künstlerinnen und Künstler während der Öffnungszeiten auch mal die Galerie betreuen. Kunst von allen für alle: ein offenes, buntes, bewegliches und durch und durch zukunftsträchtiges Projekt.

17. Alles ist möglich

Ich bin einigermaßen perplex. Was will diese junge blonde Frau da vorne auf der Bühne von mir? Spielt die verletzte, im Stich gelassene Geliebte, macht mir erst Vorwürfe, dann einen Heiratsantrag, und eröffnet mir schließlich, dass sie ein Kind von mir erwartet. Ich sehe die Frau gerade das erste Mal in meinem Leben. Erst als mein Schweigen lauter wird als ihre Worte und die Luft schon unter der Anspannung zu ächzen beginnt, antworte ich, übertölpelter Theaterbesucher, auf ihre bohrenden Fragen. Und schon bin ich selbst ein Teil der Performance ...

Arena-Festival der
jungen Künste
Turnstraße 7
91054 Erlangen

verschiedene Spielorte
Tel. 0 91 31/8 52 39 22
www.arena-festival.org
Sechs Tage im Juni/Juli

Tja – wer das *Arena-Festival* besucht, muss auf alles gefasst sein. Und gerade das ist es, was dieses sechstägige, jährlich stattfindende Theaterfestival so einzigartig und spannend macht. Arena ist ein Spielfeld der unbegrenzten Möglichkeiten mit einem Hauptaugenmerk auf zeitgenössischen, inter- disziplinären, multimedialen und experimentellen Produktionen, die sich unabhängig vom institu- tionalisierten Theatersystem entwickelt haben und an verschiedenen, oft ungewöhnlichen Spielorten realisiert werden. Das kann das Theater in der Garage oder das altehrwürdige Markgrafentheater sein – aber auch der Keller eines Studentenwohn- heims, eine Szene-Kneipe oder sogar die Fuß- gängerzone. Egal ob Tanztheater, Körpertheater, Ein-Mann-Performance oder »Performistische Installation«: Erlaubt ist alles, was sich auf irgend- eine theatralische Art und Weise mit der Lebens- realität in unserer Welt auseinandersetzt. Sei es abstrakt, konkret, dokumentarisch oder als Utopie.

Ein umfangreiches Rahmenprogramm mit Partys, Musik und Diskussionen begleitet das Festival, an dessen Ende eine Fachjury die beste Produktion kürt. Und keine Bange: Nicht jedem geht es wie mir. Meistens kann man einfach nur zuschauen – aber drauf verlassen sollte man sich nicht immer ...

18. Einmaliges und Besonderes in Blau und Knallbunt

Ob Sabine Alpermann wohl manchmal von Elefanten träumt? Naheliegende Vermutung bei der Eigentümerin eines Porzellanladens. Doch bisher ist sowohl in Frau Alpermanns Träumen als auch in der Realität alles heil geblieben in der *Galerie am Eck*.

Die wurde 1994 einen Steinwurf entfernt vom heutigen Standort in der Engelstraße als »Galerie in Blau« eröffnet: Die Idee war damals, neben anderen kunsthandwerklichen Unikaten vor allem blaue Keramik von Hedwig Bollhagen, einer der bedeutendsten Keramikerinnen des 20. Jahrhunderts, anzubieten. Doch mit den Jahren war das Sortiment so weit gewachsen, dass der Name nicht mehr repräsentativ war. Heute ist die *Galerie am Eck* mit ihren fünf thematisch bestückten Zimmern eine Fundgrube für alle, die das Besondere suchen: Im »Blauen Zimmer« findet man eine riesige Auswahl an blauen Teetassen und -kannen, Kännchen, Untersetzern und Eierbechern, verziert mit weißen Pünktchen oder liebevoll gestalteten Blümchendekors, während das »Bollhagen-Zimmer« ganz der klaren Ästhetik besagter Keramikerin gewidmet ist. Ganz wichtig: Jedes Stück ist ein Unikat!

Im »Wäschezimmer« gibt es hochwertige Textilien wie Decken, Kissen, Hängematten oder feine Westfalenstoffe, während das »Kinderzimmer« nicht nur ein Traum für den Nachwuchs, sondern auch für gereifte Nostalgiker ist: knallbuntes, aufziehbares Blechspielzeug, Holzspielzeug aus dem Erzgebirge, ein Kaufmannsladen, ein Feuerwehrauto aus Blech mit Pedalantrieb oder Kinderbücher, in denen gemütliche Wichtel in pittoresken Pilzhäusern wohnen: Spielen wie anno dazumal.

Und dann gibt es noch den »Salon«: Hier verbreitet nicht nur preußisches Porzellan in zeitlosem Weiß oder mundgeblasenes, farbiges Glas eine klassisch-bürgerliche Stimmung, hier finden immer wieder auch Kammerkonzerte, Lesungen, Ausstellungen oder Märchenabende statt. Die Grenzen zwischen Kunst und Kunsthandwerk sind fließend in der *Galerie am Eck*.

Galerie am Eck
Engelstraße 14
91054 Erlangen

Tel. 0 91 31/9 74 93 95
www.galerie-am-eck.de
Mo–Mi 10.00–18.00
Do–Fr 10.00–19.00
Sa 10.00–16.00
Altstadtmarkt:
Bus 252, 253, 254, 283, 288, 289, 293

19. Eine cineastische Oase des guten Geschmacks

Lichtspiele. Man muss sich das Wort einmal auf der Zunge zergehen lassen. Spielendes Licht, Spiele aus Licht – eine blumige Umschreibung aus alten Zeiten, als man nach Worten suchte, um das zu benennen, was man im Grunde unbeschreiblich fand: bewegte Bilder, ein Ausschnitt aus der Zeit, der vor Kurzem noch unwiederbringlich im Strudel der Vergangenheit versinken musste, jetzt festgehalten für die Ewigkeit. Betrachtet man den altmodisch geschwungenen Schriftzug über dem Eingang von Erlangens ältestem Kino, dann kann man das, was einem heute selbstverständlich erscheint, durchaus mit neuen Augen sehen.

Dabei ist das *Lamm* keinesfalls ein Nostalgie-Kino, auch wenn sich die Schwingtür und das hölzerne Kartenverkaufshäuschen mit selbstbewusstem Fünfzigerjahre-Charme gegen die kühle Rationalität der Moderne behaupten. Zwei Kinosäle hat das *Lamm*. Während der eine mit seinen roten Plüschsesseln und runden Wandlampen ganz der klassischen Einrichtung des Vorraums entspricht, so präsentiert sich der andere, neuere, weitaus nüchterner. Ausgerüstet sind beide mit moderner Digitaltechnik und hochwertigen Soundanlagen.

Was das Lamm neben seinem Retro-Charme vor allem von den gängigen Multiplexkinos unterscheidet, ist freilich das Programm. Seit 1998 existiert das Kino als Filmkunsthaus. Ab dem Jahr 2000 wurde es in jedem Jahr mit dem Deutschen und Bayerischen Kinoprogrammpreis ausgezeichnet. Logisch, dass man hier keine Blockbuster zu sehen bekommt, sondern ambitionierte Produktionen aus dem In- und Ausland, die mit Anspruch und Tiefgang unterhalten wollen. Was durchaus auch familiengerechtes Wohlfühlkino bedeuten kann – aber nicht muss. Was man beim Lamm auf keinen Fall findet: Popcorn auf dem Boden, überlange Werbung und unsägliche Lautstärke. Eine Oase des guten Geschmacks für Cineasten mit Anspruch.

Lamm-Lichtspiele
Hauptstraße 86
91054 Erlangen

Tel. 0 91 31/20 70 66
www.lamm-lichtspiele.de
Martin-Luther-Platz:
Bus 252, 253, 254, 283, 288, 289, 293

Tipp: Nur wenige Schritte weiter, direkt am Martin-Luther-Platz, befindet sich das Erlanger Stadtmuseum, welches sich mit historischen genauso wie mit aktuellen Themen auseinandersetzt.

20. Von Linksaußen in die Mitte der Gesellschaft

Kulturzentrum E-Werk
Fuchsenwiese 1
91054 Erlangen

Tel. 0 91 31/8 00 50
www.e-werk.de
Altstadtmarkt:
Bus 252, 253, 254, 283,
288, 289, 293

Vor 30 Jahren war das Erlanger *E-Werk* ein verruchter Ort: Punker- und Hippietreff, Refugium der »Bombenleger und Steineschmeißer« und Drogenumschlagplatz – so munkelte man zumindest in konservativen Kreisen. Punks sind inzwischen eine vom Aussterben bedrohte Spezies, Ex-Hippies machen Politik, und im *E-Werk* trifft man heute ganz normale Menschen jeglichen Alters: Mit den Zeiten hat sich auch das einstige Kommunikationszentrum zum Kulturzentrum gewandelt, das längst in der Mitte der Gesellschaft angekommen ist.

Das Angebot des ehemaligen Elektrizitätswerks an der Fuchsenwiese wird dieser Bezeichnung wahrhaft gerecht: Großer Saal, Kellerbühne und Clubbühne bieten Platz für Konzerte verschiedenster Genres und Größe, außerdem finden hier Lesungen, Poetry-Slams, Spielabende, offene Bühnen, Messen und Trödelmärkte sowie eine Vielzahl von Discos und Partys statt. Kinder feiern hier Fasching, Senioren treffen sich zum Tanztee, Fußballfans zum Public Viewing, politisch Interessierte zu Diskussionsveranstaltungen. Das Kino bietet anspruchsvolle Filmkunst, die Fahrradwerkstatt möbelt Zweiräder auf, die Gastronomie profitiert im Sommer vom lauschigen Garten.

Und zunehmend orientiert man sich auch nach außen. So arbeitet das *E-Werk* nicht nur mit dem Erlanger Markgrafentheater, dem Nürnberger Musikverein, der → *Musikzentrale* (s. S. 42) oder dem Neuen Museum (→ *Klarissenplatz*, s. S. 29) zusammen, sondern hat mit → *Folk im Park* (s. S. 90) auch ein sehr erfolgreiches Festival im Nürnberger Marienbergpark etabliert. Das *E-Werk* ist nicht nur aus Erlangen nicht mehr wegzudenken. Es ist längst ein kulturelles Zentrum für die ganze Region.

21. Wie aus dem Bilderbuch

Mehr als nur ein Anflug von Nostalgie durchfährt einen beim Anblick der kleinen *Bäckerei Trapper* in der Kirchenstraße. Schon der Blick durchs Schaufenster, wo die Backwaren fein angerichtet präsentiert werden wie auf Tante Ernas Kaffeetisch, sowie der Namenszug in altmodisch geschwungenen Goldlettern lassen ahnen, dass hier die Zeit schon seit Längerem stillsteht. Ein Eindruck, der sich bestätigt, sobald man durch die schmale Eingangstür tritt: Der Raum vor der Theke stößt bei drei Kunden schon an seine Kapazitätsgrenze. Und die Einrichtung, das ganze Ambiente, passt eher zu einem Astrid-Lindgren-Film, in dem kleine Jungs in kurzen Hosen und kleine Mädchen mit geflochtenen Zöpfen mit großen Augen die Apfeltaschen und Butterhörnchen in der Auslage bestaunen.

Bäckerei Trapper
Erlangen-Zentrum
Kirchenstraße 12
91052 Erlangen

Tel. 0 91 31/20 93 53
Tägl. 7.00–17.00
Martin-Luther-Platz:
Bus 252, 253, 254, 283,
288, 289, 293

Tipp: Die Kirchenstraße und die anschließende Schiffstraße sind mit ihrem kleinstädtischen Charme und den vielen kleinen Läden zwei der schönsten Straßen Erlangens. Auch sehr idyllisch: der Altstädter

Aber unter uns: Die *Bäckerei Trapper* ist nicht ganz das, was sie zu sein scheint. Denn *Trapper* hat mittlerweile stolze acht Filialen im ganzen Stadtgebiet, die bei Weitem nicht so romantisch daherkommen wie der pittoreske Laden in der Erlanger Altstadt. Zwar war der Stammsitz des über 300 Jahre alten Familienunternehmens tatsächlich lange Zeit in der Kirchenstraße, gebacken wird jedoch nicht mehr dort, sondern in Alterlangen. Was aber überhaupt nicht schlimm ist. Die *Bäckerei Trapper* ist im Vergleich zu den mittlerweile ganz Franken beherrschenden Großbäckern noch immer ein Zwerg – und diese familiäre Backtraditi-

Kirchenplatz – gleich bei
Trapper ums Eck.

on schmeckt man tatsächlich: Solch eine leckere,
locker-leicht gebackene Mohnschnecke bekommt
man wirklich nicht überall, und auch das herzhafte
Bauernbrot und die Brötchen genügen höchsten
Ansprüchen.

Die wahre Attraktion bleibt natürlich die
heimelige Atmosphäre der alten Filiale in Erlangens
schönster Straße, wo die Hektik der morgendli-
chen Schnell-noch-einen-Kaffee-Schlürfer einfach
draußen bleibt.

22. Tief unten, aber immer obenauf

Musikkeller Strohalm
Hauptstraße 107
91054 Erlangen

Tel. 0 91 31/2 14 23
www.strohalm.de
Di 20.30–3.00
Mi–Do 20.30–1.00
Fr–Sa 20.30–3.00
So 19.00–1.00
Konzertbeginn
Di–Sa 21.00, So 19.00
Martin-Luther-Platz:
Bus 252, 253, 254, 283,
288, 289, 293

Tipp: Wer vor dem
Musikabend im Strohalm
noch Appetit hat, dem
sei der Pleitegeier

Im Frühjahr 2013 sah es kurzzeitig ganz schlecht
aus für den *Strohalm*: Der alteingesessene Musikkeller war in eine finanzielle Schieflage geraten,
aus der er sich aus eigenen Kräften nicht mehr
befreien konnte. Die *Strohalm*-Betreiber Wulli
Wullschläger und Sonja Tonn luden daraufhin zu
einem Benefiz-Konzert in die Hugenottenkirche –
mit überwältigender Resonanz: Nicht nur gab sich
die versammelte fränkische Musikszene vor geram-
melt vollem Haus das Mikro in die Hand, auch die
rund 900 Gäste zeigten sich äußerst hilfsbereit und
retteten die Erlanger Musikinstitution mit ihren
Spenden vor dem drohenden Untergang. »That's
what friends are for« sang Sonja passenderweise in
dankbarer Eintracht mit ihren Gästen.

Dies nur als Beispiel, welchen Stellenwert der
Strohalm für Erlangen hat: Er ist aus der Stadt
nicht mehr wegzudenken. Die Anfänge des urigen
Kellergewölbes als Musikbühne liegen weit zurück
in den 1950er-Jahren, als eine Handvoll Musik-
enthusiasten die von den Amerikanern am Ende
des 2. Weltkriegs zugeschütteten Räume wieder
freischaufelten. Der Jazzposaunist Chris Barber
war einer der ersten Künstler, die dort auftraten,
und die Schauspielerin Elke Sommer stiftete sogar
ein Klavier. Im Lauf der Jahrzehnte wechselten die
Betreiber des Öfteren, was auch erklärt, warum
es tatsächlich »der« Strohalm heißt und nicht
»die« Stroh-Alm: Das zweite »h« ging im Zuge

eines Streits um das Urheberrecht des Namens schlichtweg verloren.

Niemals verloren hat der *Strohalm* hingegen seine Qualitäten, schon gar nicht seit dem Jahr 1991, als Gitarrist und Sänger Wulli Wullschläger die Leitung der Geschicke der Kleinkunstbühne übernahm: urige Atmosphäre auf derben Holzbänken, süffiges fränkisches Bier und ein sattes Musikprogramm. Von Mittwoch bis Samstag gibt's im *Strohalm* regelmäßig Livemusik, welche stilistisch vielfältig, aber so gut wie immer handgemacht ist. Für Regionalbands ist der *Strohalm* eine feste Adresse, aber auch überregionale Stars wie Peter Finger, Werner Lämmerhirt, Guru Guru oder Kieran Halpin sind hier gerne zu Gast.

(Hauptstraße 100, gleich gegenüber) empfohlen: gute Pizza und solide griechische Küche. Oder die Gaststätte der Brauerei Steinbach (Vierzigmannstraße 4), mit ihrem süffigen Storchenbier, gutem fränkischen Essen und einem schönen Biergarten im Sommer.

23. Immer der Nase nach

Langsam, immer mit der Ruhe. Man muss sich Zeit nehmen im *Aromagarten*. Denn geht man zu schnell, hat man schon was verpasst. Wenn auf einem Areal, das etwas größer ist als ein Fußballfeld, etwa 120 Aromapflanzen ihren Duft verströmen, dann hat die Nase ziemlich viel zu tun. Und die Erinnerung auch.

Hier zum Beispiel, vor diesem Meer aus lila Blüten, riecht's wie im Schlafzimmer meiner Oma. Holzig, harzig – klar: Lavendel. Hilft nicht nur als Duftkissen im Kleiderschrank gegen Motten, sondern passt als Gewürz zu Hammelbraten, Fischsuppen oder Eintöpfen, wie mich das Info-Täfelchen informiert. Schön zu wissen. Doch im Augenblick ist mir nicht nach Informationsballast, lieber gebe ich mich weiter den üppigen olfaktorischen Reizen hin. Ein paar Schritte weiter streift mich ein süßlich-aromatisches Duftfähnchen wie ein zarter Hauch, eine Ahnung – aber wo ist der Ursprung? Was ist unsere Nase doch für eine tumbe, stumpfe Blindschleiche! Hätten wir den Geruchssinn eines Hundes oder den des Jean-Baptiste Grenouille, des genialen Mörders aus Patrick Süßkinds Roman *Das Parfum*, was würden sich für

Aromagarten
Ecke Palmsanlage/
Martiusweg
91054 Erlangen

Apr–Okt
Tägl. 7.00–19.00
Schwabachanlage:
Bus 288, 289

Tipp: Wer nach dem Besuch des Aromagartens noch Lust auf einen Spaziergang hat, sollte dem direkt an den Garten angrenzenden Weg entlang der Schwabach in östlicher Richtung folgen. Dort gelangt man über den Bürgermeistersteg zur Schleifmühle, von wo aus man über die Hindenburgstraße wieder ins Zentrum laufen kann (Dauer ca. 45 Minuten).

unerhörte Welten, was für reiche innere Landschaften auftun, wie sicher würde ich mich orientieren zwischen all diesen stetig sprudelnden Duftquellen! Ich beuge mich zu einem unscheinbaren Strauchgewächs und zerreibe ein kleines Blättchen, dem der Petersilie nicht unähnlich, zwischen den Fingern. Nein, das ist es nicht. »Absinth/Echter Wermut« steht auf dem Schild. Riecht zwar auch süßlich, aber doch anders. »Kurz vor der Blüte gesammelte Blätter als Droge verwendbar.« Soll ich? Ach was, am Ende bekomme ich nur Kopfschmerzen.

Ich lasse mich auf einer leicht erhöht liegenden, sonnigen Steinbank nieder, von der aus man einen herrlichen Blick über den bunt blühenden Garten hat. Die warme Frühsommer-Sonne macht mich schläfrig und verbündet sich mit den Bienen und Hummeln, die in emsiger Geschäftigkeit wie trunken von Blüte zu Blüte schwirren, um mich vollends einzulullen. Doch halt, was ist das? Da ist er wieder, dieser süße Duft! Ich reiße mich aus meiner Trägheit, wie magisch angezogen von dieser betörenden, fruchtigen Lieblichkeit, lasse Dornige Hauhechel und Ysopblättriges Gliederkraut links liegen, biege einmal ums Eck und stehe unversehens im Königreich der Düfte: Rosen! Bordeauxrote, zinnoberrote, zartrosa- und orangefarbene sowie gelbe Rosen in leuchtender Pracht! Und schon bin ich selbst eine Biene, schwirre von Blüte zu Blüte und versenke meinen Rüssel wie im Rausch in einem Meer köstlichster Aromen …

24. Wo die großen Kerle wohnen

Der Weg ins Paradies ist ziemlich steil. Und bevor uns die Engelein hinauftragen, müssen wir schon unsere eigenen Füße benutzen. Doch selbstredend lohnt sich die irdische Mühsal: Vom östlichen Ende des Bergkirchweihgeländes, also genau dort, wo einmal im Jahr zwölf Tage lang die alkoholisierte Hölle tobt, steige ich über schiefe Treppenstufen hinauf zum Südeingang des *Burgberggartens*.

Sobald ich durchs Tor getreten bin, begrüßt mich der »Wächter im Garten Eden«. Der steingraue Knabe überragt mich zwar ums Doppelte, doch seine Erscheinung ist keinesfalls furchteinflößend, im Gegenteil: Auf langen, dünnen Beinen trotzt ein eiförmiger Rumpf den Gesetzen der Statik, die gelenklosen Arme wirken wie Knetgummischlangen, den Kopf zieren zwei tellergroße Segelohren. Die rechte Hand hat der ulkige Türsteher freundlich zum Gruß erhoben. Als ich näher trete, entdecke ich eine Inschrift, die in den Sockel der Figur eingraviert ist: »Im Aufgang des Lichts sah ich eine weise Gestalt, die redete: Pfleget die Erde! Haltet rein die Meere! Schonet den Baum!« Offensichtlich ist auch im Garten Eden Umweltschutz keine Selbstverständlichkeit.

Seit 1982 strecken hier die Bronzefiguren des Erlanger Bildhauers Heinrich Kirchner (1902–1984) ihre Arme gen Himmel, künden vom Frieden, empfangen das Licht. Trotz ihrer grotesken Formen wirken sie nicht lächerlich, sondern verbreiten eine stille Aura der Spiritualität, vereinen widerspruchslos einen weltoffenen, christlichen Humanismus mit einer oft deutlich sexualisierten Körperlichkeit.

Doch ich liebe diesen Ort nicht nur wegen der Figuren, sondern auch wegen seiner wilden, verwachsenen Naturbelassenheit. Der steile, teils locker mit Eichen, Obstbäumen und Holunderbüschen bestandene, teils bewaldete Hang macht gärtnerische Pflege schwierig, weswegen auch Mitte Mai das Gras noch hoch steht und ein Meer von Blumen die Schmetterlinge anlockt. Abgenutzte Stufen führen zu lauschigen Bänken in grünen Buchten, von denen man einen prachtvollen Blick Richtung Süden über die Stadt genießt. Ein verschlungener Pfad windet sich durch von Efeu umrankten Mischwald zu einem vergessenen Gartenhäuschen. Die moosbewachsenen Steinhäupter griechischer Philosophen hängen hier ewig ihren tiefen Gedanken nach. Ein stiller Ort für Verliebte genauso wie für Trostsuchende und poetische Seelen. Der Garten Eden eben, gleich am nördlichen Stadtrand.

Burgberggarten/
Heinrich-Kirchner-
Skulpturengarten
am Südhang des
Burgbergs
91052 Erlangen

Informationen und
Führungen:
Tourist-Info Erlangen
Tel. 0 91 31/8 95 10
Ganzjährig, außer zur
Bergkirchweih
Erreichbar am besten
über die Rathsberger
Straße, die Burgbergs-
traße, An den Kellern
oder den Enkesteig.

Rathsbergerstraße:
Bus 288, 289

Tipp: Der Burgberg-
garten liegt oberhalb des
Bergkirchweihgeländes.
Hier kann man außerhalb
des Kirchweihbetriebes
unter schattigen
Laubbäumen eine
zünftige Brotzeit und
eine gepflegte Maß Bier
genießen.

25. Ein ruhiger Kreislauf seit Jahrhunderten

Die historischen
Wasserschöpfräder
bei Möhrendorf
91096 Möhrendorf

www.schoepfraeder.de
www.moehrendorf.de
Möhrendorf Mitte:
Bus 254

Tipp: Fleischliebhabern
sei auch der Besuch des
Dorfmetzgers Jürgen
Reck, Frankenstraße 33,
in Möhrendorf empfoh-
len. Der wurde nicht
umsonst für »Deutsch-
lands beste Bratwurst«
ausgezeichnet und hat
außerdem den Publi-
kumspreis des

Schwipp … schwapp … schwipp … schwapp: Das große hölzerne Wasserrad neben mir dreht sich mit spätsommerlicher Gelassenheit und bringt mit jeder Umdrehung die Zeit nach und nach zum Stillstand. Mit stoischer Beharrlichkeit schaufelt es seine nasse Last in eine Wasserrinne, wodurch die angrenzenden Wiesen den ganzen Sommer über satt und grün bleiben. Ich liege rücklings auf einem massiven, waagerechten Balken, der zusammen mit seinem in der Regnitz montierten Gegenstück die Achse des Schaufelrades trägt, und blinzle wohlig entspannt in das Glitzern des Flusses. Etwas Schlamm trocknet an meinen nackten Füßen, denn die Wiese unmittelbar vor dem Rad ist sumpfig vom Tropfwasser. So gut genährt schießt die Vegetation hier üppig und macht das Wasserrad vom Wiesengrund aus fast unsichtbar.

Schon komisch, dass wir solch friedliche, medi-tative Oasen möglicherweise den alten Kreuzrittern verdanken, die bekanntlich im Namen des Herrn Mord und Totschlag in den Orient exportierten und im Gegenzug die hohe Kunst der künstlichen Bewässerung mit nach Hause brachten. Okay, dies ist nur eine Theorie. Eine andere besagt, dass die Holzgiganten schon früher, nämlich seit dem 11. Jahrhundert, in Franken benutzt wurden. Ihre Blütezeit erlebten sie im 18. Jahrhundert, als auf den gerade mal 35 Kilometern zwischen Schwabach im Süden und Forchheim im Norden etwa 250 Stück die am Fluss gelegenen Felder und Äcker feucht hielten!

Heute unterhält die Gemeinde Möhrendorf immerhin noch acht *Wasserschöpfräder*, die im Frühjahr von engagierten, kräftigen Männern aufgestellt und Ende September wieder abgebaut werden. Ob für eine kurze, schattige Rast, eine historische Erkundung oder ein ausgiebiges Picknick: Die Möhrendorfer Wasserräder sind lohnenswerte Ausflugsziele, welche sich von Erlangen aus bequem mit dem Fahrrad erreichen lassen.

3. Fränkischen Bratwurstgipfels gewonnen.

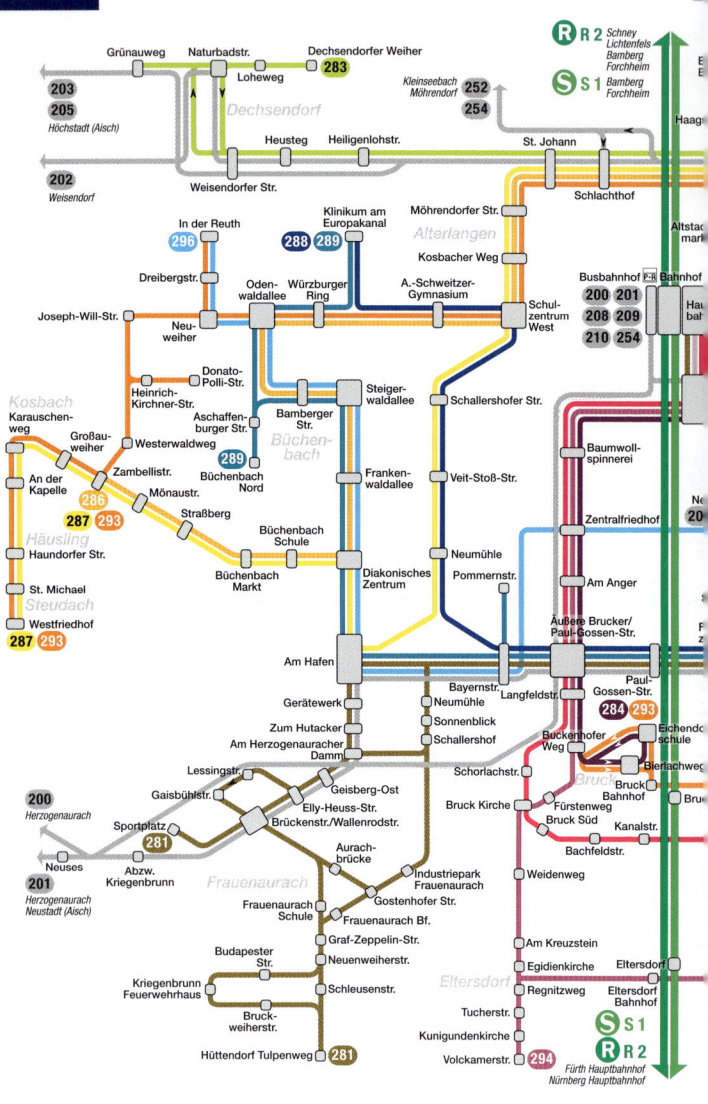

Verkehrsnetz
Erlangen

Stand: 1.2.2015

Bubenreuth 25

Grünauweg Naturbadstr. Dechsendorfer Weiher
203
205
Höchstadt (Aisch)
Loheweg 283
Dechsendorf
Kleinseebach Möhrendorf 252 254
202
Weisendorf
Heusteg Heiligenlohstr. St. Johann
Weisendorfer Str. Schlachthof

R R 2 Schney Lichtenfels Bamberg Forchheim
S S 1 Bamberg Forchheim

Haag

In der Reuth Klinikum am Europakanal Möhrendorfer Str. Altstadt markt
296 288 289 Alterlangen
Dreibergstr. Kosbacher Weg
Oden-waldallee Würzburger Ring A.-Schweitzer-Gymnasium
Joseph-Will-Str. Neu-weiher
Busbahnhof P Bahnhof
200 201
208 209
210 254
Schul-zentrum West
Hau bal

Kosbach
Karauschen-weg
Großau-weiher
An der Kapelle Zambellistr.
287 293 Mönaustr.
286 Büchenbach Nord
289 Straßberg
Häusling
Haundorfer Str.
Donato-Polli-Str.
Heinrich-Kirchner-Str.
Aschaffen-burger Str.
Westerwaldweg Bamberger Str.
Büchenbach Steiger-waldallee Schallershofer Str.
Franken-waldallee Veit-Stoß-Str.
Büchenbach Schule
Büchenbach Markt Diakonisches Zentrum Neumühle Pommernstr.

Baumwoll-spinnerei
Zentralfriedhof Ne 20
Am Anger

St. Michael
Steudach
Westfriedhof
287 293
Am Hafen
Bayernstr. Langfeldstr.
Äußere Brucker/ Paul-Gossen-Str.
Paul-Gossen-Str.
284 293
Gerätewerk Neumühle
Zum Hutacker Sonnenblick
Am Herzogenauracher Damm Schallershof
Lessingstr. Schorlachstr.
Gaisbühlstr. Geisberg-Ost
200 Sportplatz Elly-Heuss-Str.
Herzogenaurach 281 Brückenstr./Wallenrodstr.
Neuses Abzw. Kriegenbrunn
201 Frauenaurach
Herzogenaurach Neustadt (Aisch)
Frauenaurach
Aurach-brücke
Industriepark Frauenaurach
Gostenhofer Str.
Frauenaurach Schule Frauenaurach Bf.
Graf-Zeppelin-Str.
Budapester Str. Neuenweiherstr.
Kriegenbrunn Feuerwehrhaus
Schleusenstr.
Bruck-weiherstr.
Hüttendorf Tulpenweg 281

Buckenhofer Weg Eichendo schule
Bruck Bierlachwe Bahnhof
Fürstenweg Bruck
Bruck Kirche Bruck Süd Kanalstr.
Bachfeldstr.
Weidenweg
Am Kreuzstein
Egidienkirche Eltersdorf
Regnitzweg Eltersdorf Bahnhof
Eltersdorf
Tucherstr.
Kunigundenkirche
Volckamerstr. 294

S S 1
R R 2 Fürth Hauptbahnhof
Nürnberg Hauptbahnhof

252 Kleinseebach
Baiersdorf
Atzelsberg
Rathsberg

Waldkrankenhaus
288 289

rsteig Essen-
bacher Str.
Raths-
berger Str.

Palmstr.

Adalbert-
Stifter-Str.

Atzelsberger
Steige

Martin-Luther-
Platz
252

Maximiliansplatz/
Kliniken

Schwabachanlage

252

20 30
30E 202 281
283 293 295

Lorleberg-
platz

Hindenburgstr.

Schillerstr.

Rennesstr.

Theresiakirche

Sieglitzhof

Schronfeld
Eskilstunastr.
284 294

Im
Heuschlag

Krankenhausstr.

Obere Karlstr.

Zollhaus Hartmannstr. Berufsschul-
zentrum

Gedelerstr. Buckenhof
285 285 T

208
Effeltrich

Langemarck-
platz

Stuben-
lohstr.

Schellingstr./
MVC

296

Markus-
kirche

Zeidelweide

Graszweg
Obere Büch

209
Neunkirchen
am Brand
Eckental

Siemens-
Verwaltung

Mozartstr.

Röthelheimpark-
Zentrum

Wirtschafts-
schule

TAXI

Kindergarten
Am
Ruhstein

Buckenhof

Marie-Curie-Str.
Am alten
Weiher

210
Heroldsberg

Brahmsstr.

Siemens
Med

Doris-Ruppen-
stein-Str.

Hutweide

erner-von-
mens-Str.

Anton-
Bruckner-Str.

Luise-Kiesselbach-
Str.

Ohmplatz

Stintzing-
str.

Schenkstr.

Berliner
Platz

Koldestr.

Siemens-
Stadion

Röthel-
heimbad

Röthelheimbad Ost

Frideri-
cianum

Gleiwitzer Str.

Thomaskirche

Wehneltstr./
AREVA

Roncalli-
stift

Gebbertstr.

Görlitzer
Str.

Theodor
-Heuss-
Anlage

Sebaldussiedlung
287 293

ilix-
ein-
r.

Am Bach-
graben

Henri-
Dunant-
Str.

Erlangen Süd

293

Stettiner
Str.

Technische
Fakultät

ggenreuther Weg

öntgenstr.

85 286

Böhmlach

anck-Str.

Hasel-
hofstr.

Saidelsteig

ozziring

Brückleins-
gasse

Tennenlohe

Walderlebniszentrum

Skulpturenpark

Tennenlohe

Am
Weichselgarten

Wetterkreuz

Tennenlohe
Süd

20 30 30E
Nürnberg Thon

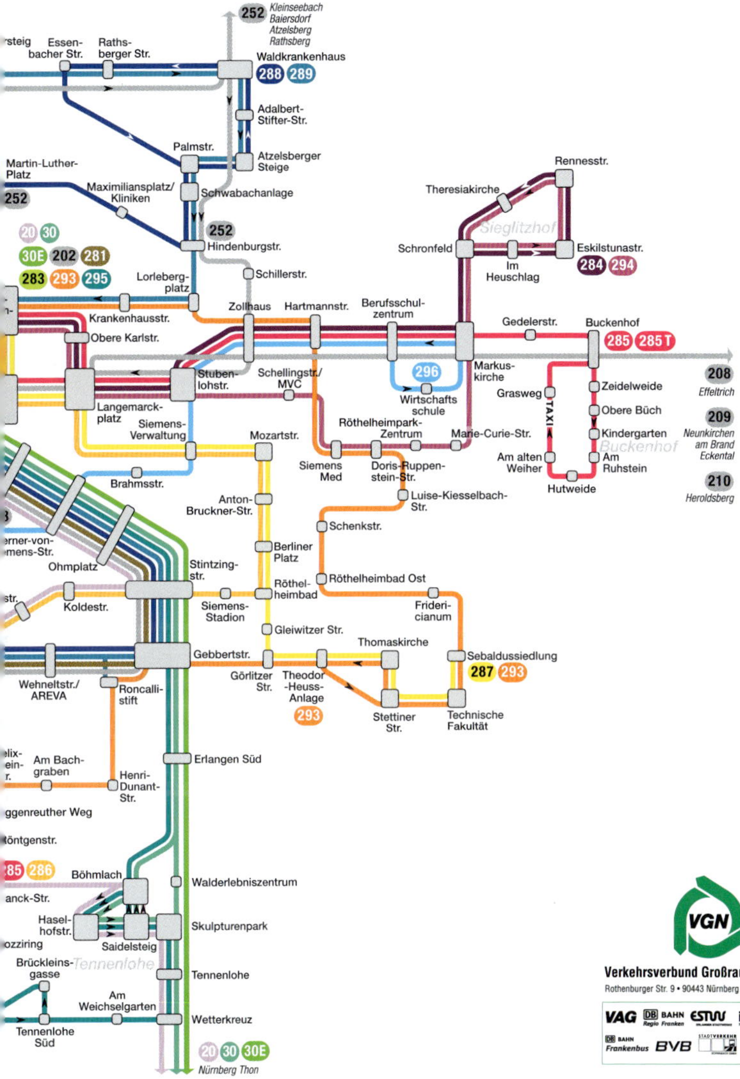

VGN
Verkehrsverbund Großraum Nürnberg
Rothenburger Str. 9 • 90443 Nürnberg • Tel. 0911 27075-0

VAG DB BAHN ESTW infra STWB
Regio Franken

DB BAHN BVB STADTVERKEHR GPV GkV
Frankenbus

Partner im VGN

THEMENREGISTER

Nürnberg

Fest/Festival 🛖

Freizeit 🚲

Gastronomie ✗

Kultur

Kunst

Museum 🏛

Musik 🎵

Shopping 🛍

Fürth

Fest/Festival

Freizeit

Gastronomie

Kultur

Gastronomie ✕

Kultur 🎭

Kunst ╱

Musik ♫

Shopping 🛍

VERANSTALTUNGSVERZEICHNIS

Juni	Sommerkiosk – Rosenaupark
	Grafflmarkt – Gustavstraße u. a.
Juni/Juli	Arena-Festival der jungen Künste – verschiedene Veranstaltungsorte
	Wolke 7 – Marienbergpark
Juli	Südstadtfest – Annapark
	Jahresausstellung/Sommerfest – Akademie der Bildenden Künste
Juli/August	Folk im Park – Marienbergpark
	Klassik Open Air – Luitpoldhain
	Bardentreffen – Altstadt
August	Sommernachtfilmfestival – verschiedene Veranstaltungsorte
	Brückenfestival – Pegnitzauen/Theodor-Heuss-Brücke
	Poetenfest – verschiedene Veranstaltungsorte
September	Offen auf AEG – AEG-Gelände
	Grafflmarkt – Gustavstraße u. a.
	Altstadtfest – Altstadt
Sept./ Okt.	Michaelis-Kirchweih – Fürther Freiheit u. a.
	Nürnberg.Pop Festival – Altstadt
Oktober	Gastspiel – verschiedene Veranstaltungsorte
Advent	Markt der Partnerstädte – Rathausplatz
Dezember	Winterkiosk – Künstlerhaus

BILDNACHWEIS
(Soweit kein Fotograf genannt ist, stammen die Bilder von den jeweiligen Institutionen)

Nürnberg:
Akademie der Bildenden Künste: S. 80, Altstadtfest: S. 21, Balkon Nürnberg: Charly Ott S. 30, Bardentreffen: Leo Zimmermann S. 18, Bighorn Ranch: S. 83, Boardnerds: S. 87, Boogie's BBQ: S. 69, Brezen Kolb: David Häuser S. 65, Brückenfestival: Frank Schuh S. 38, Burggarten: Christine Dierenbach S. 15, Café Bar Franco: Katharina Wasmeier S. 23, Café Bar Katz: Katharina Wasmeier S. 22, Café Bar Schnepperschütz: S. 57, Café Kraft: S. 96, Café Wanderer/Bieramt: Harald Stiefenhofer S. 13, Café Wohlleben: S. 60, Chocolat: S. 9, Club Fogon: S. 94, Club-Museum: 1. FC Nürnberg S. 81, delikatEssen: S. 12; DESI Stadtteilzentrum e.V.: S. 53, Die Superbude: S. 59, Dolomiddi: S. 98, Dreamday with Dreamcar: S. 64, Erfahrungsfeld zur Entfaltung der Sinne: Stadt Nürnberg S. 63, ess. brand: S. 47, Fachmarie – die Glücksboutique: S. 41, flex! Vintage Second Hand Design: Nadine Rodler S. 43, Folk im Park: S. 90, Foodtrucks Nürnberg: Ute Wünsch S. 97, Galerie Eisdiele: Pilar Schacher S. 49, Generationenübergreifender Spielplatz in Eibach: Stadt Nürnberg – SportService S. 86, Hildes Backwut: Stefan Scholz S. 74, Hofflohmärkte: Gerhard Gassner S. 56, Innere Laufer Gasse: Carina Risch S. 33, Kickfabrik: S. 88, Kindermuseum Kachelbau: Rudi Ott S. 46 Klaragasse: Nadine Rodler S. 26, Klarissenplatz: Jeppe Hein, Hexagonal Water Pavillon, 2007; Annette Kradisch, Neues Museum Nürnberg, 2012 S. 29, Klassik Open Air: Lara Herbst S. 75, Kostümverleih Richter: S. 52, KulturGarten: Ralf Lang S. 32, Kulturverein rote Bühne e.V.: S. 90, Kunsthaus im Kunst-KulturQuartier: S. 31, Landbierparadies: S. 71, Lasertag Actionpark: S. 45, LUX – Junge Kirche Nürnberg: S. 62, Machhörndl Rösterei: S. 50, Markt der Partnerstädte: Nadine Rodler S. 17, Mathilde Tea Room: S. 55, Meisengeige: S. 35, mono-Ton: S. 9, Museum für Kommunikation: Michael Erhart S. 48, MUZ – Musikzentrale Nürnberg: S. 42, Nürnberg. Pop Festival: Asena Yüksel S. 20, Ofenwerk: Thomas Langer S. 95, Offen auf AEG: Nils A. Petersen S. 89, Parkhaus Adlerstraße: Christine Dierenbach S. 24, Pegnitzauen: Nadine Rodler S. 101, Restauration Kopernikus: S. 36, RITZINGERs: S. 99, Roxy Renaissance Cinema: S. 85, RUSH e-Sports Center: S. 44, Salon Regina: Barbara Kraske S. 40, Saturday Nightcruise: S. 66, Schwarzlichtfabrik: S. 67, Silberbuck/Silbersee: Christine Dierenbach S. 77, Sommerkiosk: Zairil Zainal S. 51, Sommernachtfilmfestival: Mobiles Kino S. 93, Stadtpark: Katharina Wasmeier S. 61, Steinbrüchlein: S. 84, Straßenkreuzer e. V.: Gerd Grimm S. 72, Südstadtfest: Brigitte Egerer S. 70, Tiergarten Nürnberg: Christian Langhans S. 79, Turm der Sinne: S. 8, USG6: David Häuser S. 16, VINTY'S: S. 39, Weinerei: Dirk Murschall S. 25, Weißgerbergasse: Stephan Schulz S. 11, Wolke 7: S. 92 Wurstdurst: S. 27, Würzhaus: S. 58, Zeppelintribüne: Christine Dierenbach S. 78

Fürth:
Alle Fotos: Helwig Arenz

Erlangen:
Arena-Festival der jungen Künste: Andreas Donders S. 163, café Cycles: Florian Horn S. 147, Musikkeller Strohalm: Metin Kurumahmutoglu S. 168, Poetenfest: Erich Malter S. 159, Salz + Pfeffer: Henning Kahnemann S. 146, Schallplattenmann: Ricarda Porzelt S. 150; Alle anderen Fotos: Peter Gruner

DIE AUTOREN

Katharina Wasmeier, Jahrgang 1982, lebt in ihrem Geburtsort und tut hier das Einzige, was sie kann: schreiben. Vornehmlich über die **Nürnberg**er Stadtkultur in den hiesigen Tageszeitungen, für die sie seit einigen Jahren außerdem die wöchentliche Glosse »Runter vom Sofa!« zusammenspinnt. Darüber hinaus textet die freie Journalistin für ungefähr alles, was Buchstaben braucht (wie die dpa oder das Obdachlosen-Magazin Straßenkreuzer).

Helwig Arenz, 1981 in Nürnberg geboren, wuchs in **Fürth** auf. Sein geisteswissenschaftliches Studium in Erlangen gab er zugunsten eines Schauspielstudiums in Linz auf, das er 2006 abschloss. Engagements an Bühnen u. a. in Hamburg, Wilhelmshaven, Memmingen und Hof folgten. Seit 2013 arbeitet er als Autor und Schauspieler u. a. am Stadttheater Fürth und am Theater Pfütze in Nürnberg. Im Frühjahr 2013 gewann sein Kurzkrimi Tom und Tierchen den Publikumspreis des 2. Fränkischen Krimipreises. Der böse Nik, 2014 im ars vivendi verlag erschienen, ist sein erster Roman.

Peter Gruner, Jahrgang 1971, schreibt seit einer gefühlten Ewigkeit für regionale Tageszeitungen und andere Publikationen, hauptsächlich über das Thema, welches das unverrückbare Zentrum seiner Überlebenskünstler-Existenz bildet: Musik. Als gebürtiger **Erlanger**, der den Sprung in die weite Welt nie geschafft hat, ist der Musiker, Songschreiber (Point & Die Spielverderber) und dreifache Familienvater nicht nur Chronist, sondern auch fester Teil der regionalen Kulturszene.

Auf Entdeckungstour

▷ Jeder kennt sie, die augenfälligen Schmuckstücke und altbekannten Postkartenmotive der fränkischen Städte. Diese beiden Freizeitführer präsentieren Ihnen darüber hinaus spannende Geheimtipps abseits der ausgetretenen Pfade. Es erwarten Sie verborgene Paradiese, Schönheit, Genuss und Erholung in mannigfaltiger Form. Lassen Sie sich verführen!

• Außergewöhnliche Sehenswürdigkeiten
• Gastronomische Insidertipps
• Überraschende Kuriositäten
• Mit ausführlichen Infokästen, eindrucksvollen Bildseiten und Übersichtskarten

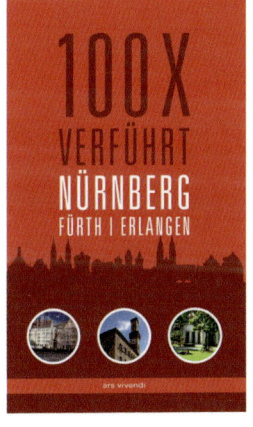

100 x verführt Nürnberg, Fürth, Erlangen
Klappenbroschur, 223 S.
ISBN 978-3-86913-183-2

55 x verführt Bamberg
Klappenbroschur, 243 S.
ISBN 978-3-86913-203-7

ars vivendi

Frankens blaues Wunder

▷ Ritterburgen und Römerthermen, Mönche und Minnesänger – das Fränkische Seenland ist schon lange ein Geheimtipp für Urlauber. Dieses Buch bietet 30 sorgfältig recherchierte Genießer-Ausflüge, z. B. Schnupper-Segeln auf dem Brombachsee, eine Kutschfahrt durch Stirn und Hohenweiler sowie jede Menge idyllischer Spaziergänge.

- Ausführliche Tourenbeschreibungen
- Detail- und Übersichtskarten
- Varianten für Familien und Vielwanderer
- Einkehrtipps und zahlreiche interessante Extras

**Der Ausflugs-Verführer
Fränkisches Seenland**
Klappenbroschur, 181 S.
ISBN 978-3-86913-309-6

Tatort Nürnberg

▷ Kongresshalle, Zeppelintribüne, Große Straße – in keiner anderen Stadt zeugen bauliche Hinterlassenschaften so unübersehbar vom nationalsozialistischen Größenwahn wie in Nürnberg. Vom Reichsparteitagsgelände bis zum Schauplatz der »Nürnberger Prozesse« präsentiert dieser Stadtführer die historischen Orte, klärt auf über ihre geschichtliche Bedeutung und ihre Nutzung im Wandel der Zeit, liefert Hintergründe und bietet alle nötigen Informationen, damit man sich selbst auf Spurensuche begeben kann.

- Illustriert durch Zeitzeugenberichte, literarische Aufarbeitungen und umfangreiches Bildmaterial
- Mit Übersichtskarten der Stadt Nürnberg und des Reichsparteitagsgeländes

**Tatort Nürnberg
Auf den Spuren des
Nationalsozialismus**
Klappenbroschur, 176 S.
ISBN 978-3-86913-453-6

In den Weinbergen

▷ Beschauliche Winzerstädtchen, grüne Weinberge, traditionsreiche
Weingüter, feine regionale Spezialitäten und erlebnisreiche Wander- und
Radtouren in einmalig schöner Landschaft: Diese *Ausflugs-Verführer* bieten insgesamt 50 sorgfältig recherchierte Genießer-Ausflüge in die para-
diesischen Weingegenden Frankens. Alles Wichtige wie Dauer, Anreise,
Einkehrtipps und Weinempfehlungen ist in jedem Kapitel übersichtlich
zusammengestellt. Warum also in die Ferne reisen, wenn traumhafte
Erholung und herrliche Gaumenfreuden auch direkt vor der Haustür
warten?

- Ausführliche Tourenbeschreibungen
- Detail- und Übersichtskarten
- Einkehrtipps, Weinempfehlungen, Infos zu Festen und Verkauf

**Der Ausflugs-Verführer
Weinfranken**
Klappenbroschur, 189 S.
ISBN 978-3-89716-515-1

**Der Ausflugs-Verführer
Weinfranken 2**
Klappenbroschur, 160 S.
ISBN 978-3-86913-283-9

ars vivendi

Biergenuss in Franken

▷ Wussten Sie, dass Franken die größte Brauereidichte der Welt hat? Beim Gedanken an Keller- und Lagerbier, an Märzen und Ungespundetes aus kleinen privaten Betrieben läuft dem Bierliebhaber das Wasser im Mund zusammen. Auch Exoten wie das Vollmondbier, Räuschla oder Bambergator verlocken zum Probieren. Und da ein Bier nach einer Wanderung oder einer Radtour am besten mundet, servieren diese beiden Bücher insgesamt 60 sorgfältig recherchierte Genießer-Ausflüge.

- Ausführliche Tourenbeschreibungen
- Zahlreiche Einkehrtipps und Bierempfehlungen
- Hintergrundinformationen zur fränkischen Bierkultur
- Sorgfältig gestaltete Detail- und Übersichtskarten

**Der Ausflugs-Verführer
Bierfranken**
Broschur, 192 S.
ISBN 978-3-89716-811-4

**Der Ausflugs-Verführer
Bierfranken 2**
Broschur, 213 S.
ISBN 978-3-86913-062-0

ars vivendi

Wir sind Mitarbeiter bei der infra fürth verkehr.

wir bewegen Fürth

infra
fürth verkehr gmbh

Zusammen mit unseren Kolleginnen und Kollegen sorgen wir rund um die Uhr dafür, dass Sie in Fürth immer sicher und bequem an Ihr Ziel kommen. Ob Fahrer, Reinigungskraft, Werkstattmitarbeiter oder Kundenberater – wir setzen uns mit Herzblut für eines der wichtigsten Grundbedürfnisse überhaupt ein: Ihre Mobilität!

**infra fürth verkehr gmbh –
gemeinsam Ziele erreichen!**

www.stadtverkehr-fuerth.de